청약에
버림받은
30대 무주택자의
서울 아파트
내집마련 분투기

청무피사의
**부린이
탈출기**

청무피사의
부린이 탈출기

초판 1쇄 인쇄 2020년 4월 22일
초판 1쇄 발행 2020년 5월 4일

지은이 · 청무피사
발행인 · 강혜진
발행처 · 진서원
등록 · 제2012-000384호 2012년 12월 4일
주소 · (03938) 서울 마포구 월드컵로 36길 18 삼라마이다스 1105호
대표전화 · (02)3143-6353 | **팩스 ·** (02)3143-6354
홈페이지 · www.jinswon.co.kr | **이메일 ·** service@jinswon.co.kr

책임편집 · 최구영 | **편집진행 ·** 성경아 | **기획편집부 ·** 이재인 송재형 | **표지 및 내지 디자인 ·** 디박스
종이 · 다올페이퍼 | **인쇄 ·** 보광문화사 | **마케팅 ·** 강성우 | **일러스트 ·** 오우성

ISBN 979-11-86647-45-5 13320
진서원 도서번호 20005
값 15,000원

이 도서의 국립중앙도서관 출판예정도서목록(CIP)은 서지정보유통지원시스템 홈페이지(seoji.nl.go.kr)와
국가자료공동목록시스템(www.nl.go.kr/kolisnet)에서 이용하실 수 있습니다.(CIP 제어번호: 2020015443)

청약에
버림받은
30대 무주택자의
서울 아파트
내집마련 분투기

청무피사의
부린이
탈출기

| 청무피사 지음 |

일러두기

◆ 이 책은 네이버 카페 '부동산 스터디'에 올린 글을 엮은 것입니다.
◆ 글맛을 공유하기 위해 게시판에 올린 문체를 그대로 가져왔습니다.
◆ 글에 언급된 특정 지역을 추천하지 않습니다.
◆ 향후 매매가 동향은 책 내용과 다를 수 있습니다.

진서원

네이버 No.1 카페 '부동산 스터디'
주인장 붇옹산의 추천의 말

쉽고 재미있는 부동산 왕초보 모험기

처음은 누구나 부린이
《부린이 탈출기》는 부린이의 성장 노트

2003년 결혼을 앞두고 어머니와 함께 사당동의 신축 빌라를 신혼 집으로 얻기 위해 전세 계약을 하러 간 제 모습이 생각납니다. 나이 가 서른이 다 되었지만 정작 사회에 나와서 무엇 하나 제대로 하지 못하던 헛똑똑이 부린이였지요.

회원수 100만명의 '부동산 스터디' 카페는 제가 부린이였던 시절, 직간접적으로 경험한 재개발 정보를 보관해두던 공간입니다. 처음엔 제가 정리해둔 지역 이야기와 재개발 스터디 자료를 보기 위해 한두 명씩 가입하는 정도였지만, 그렇게 모인 회원들의 관심사가 재건축으로 확장되고, 관심 지역도 강남으로, 또 수도권으로 확장되면서 다양한 부동산 이야기가 오가는 공간으로 성장했습니다. 회원들과 의견을 나누면서 저도 성장할 수 있었습니다.

'부동산 스터디' 카페가 붇옹산이 성장해온 흔적을 기록한 곳이라면 《부린이 탈출기》는 필자가 부린이를 탈출하는 과정을 기록한 책입니다. 부동산의 부 자도 모르던 필자가 왜 부동산에 관심을 갖게 되었는지, 그리고 그 관심을 어떻게 확장했는지 단계별로 따라가다 보면 여러분도 곧 부린이를 탈출하게 되리라 믿습니다. 경험을 공유한 독자들과 함께 더 넓은 영역으로 나아가는 기회도 되겠지요.

30대 붇옹산도 청무피사
청약은 무슨? 분양권 피 주고 사!

'청무피사'는 청약에서 배제된 이 시대 30대들의 고민이 담겨 있는 단어입니다. 큰 꿈을 가지고 청약에 도전하지만 수백 대 1의 경쟁률에 좌절하고, 낮은 청약가점으로는 내집마련이 사실상 불가능하다는 사실을 깨달은 주인공들이죠.

저 또한 30대에 여러 차례 청약에 도전했지만 높은 벽을 넘지 못하고 청무피사로 집을 마련했습니다. 책을 읽으면서 2000년대의 꼬꼬마 붇옹산이 서울 및 수도권 여러 지역을 임장 다니고, 재개발 공부를 하며 카페에 글을 남기던 모습이 오버랩되어 보이더군요.

물론 필자의 선택이 최선일 수는 없을 것입니다. 그러나 필자가 투자를 고민하고, 대안을 찾고, 행동하는 과정에서 어떻게 성장했는지 간접경험을 해보는 것은 다른 전문가 분들의 어려운 책들보다 친절한 해답이 될 거라 생각합니다.

부동산 전문가들이나 인터넷 커뮤니티 고수들의 인사이트 넘치는 글을 접하지만 너무 어려워서, 또는 내 상황과 너무 달라서 괴리감을 느낀 분들도 있을 겁니다. 《부린이 탈출기》의 첫인상은 고난 속에서도 꿋꿋이 성장하는 부린이를 그리는 모험담이었습니다. 그만큼 쉽게 잘 읽히고 재미있습니다.

부동산 위기를 핑계로 삼지 말자
간접경험으로 기회를 잡자!

부동산시장은 언제나 밝은 미래만 예정되어 있는 곳이 아닙니다. 지난 수년간 많이 올라버린 집값, 강력한 금융규제와 여러 차례 발표된 부동산규제들로 앞으로 시장이 어떻게 움직일지 판단하기 어려운 시점입니다.

이런 심란한 상황은 위기일 수도 있지만, 또 어떻게 보면 기회일 수도 있습니다. "수도권 부동산 거래 절벽", "강남 재건축 아파트 급매물 속출", "경매 유찰" 등의 비관적인 기사들이 '부린이로 계속 있어도 된다'는 당위성을 뒷받침하지 않습니다.

부동산에 투자한다, 혹은 투자하지 않는다는 결정을 하기 위해서는 일단 알아야 하지 않을까요?

2020년, 이제 서울과 수도권의 주요 지역들은 '피 주고도 못 사는' 부동산규제 지역이 되어버렸습니다. 청무피사도 쉽지 않은 이 상황에서 기회를 잡아야만 하는 부린이들은 어디서부터 어떻게 시작해야 할지 막막할 것입니다.

어떻게 알아나가면 좋을까요?

자, 지금부터 청무피사 선배는 어떻게 공부했고, 어떻게 부린이를 탈출했는지 살펴보도록 하죠!

북용산

청약에 버림받은 30대 무주택 부린이의
좌충우돌 부동산 체험기

부동산이 어려운 당신에게

주위에서 심심찮게 이런 말들을 듣게 된다.

"누구누구는 부동산에 투자해서 몇 억을 벌었다더라."
"누구누구는 청약이 되었는데 2배나 올랐다더라."

사실 이런 말만 듣고 보면 나 말고 다른 사람들은 부동산으로 정말 쉽게 돈을 버는 것 같다. 그런데 나는 왜 이렇게 쉬운 부동산에 투자하지 못할까?

부동산에 투자하기 위해서는 굉장히 귀찮고 어려운 일들이 수반되기 때문이다.

① 관심 지역에 어떤 아파트들이 있나 조사해야지,

② 내가 가진 돈으로 살 수 있는지 가격도 알아봐야지,

③ 부동산중개소에 전화해서 매물 있나 확인해야지,

④ 매물이 있다고 하면 집 상태도 보러 가야지,

⑤ 만약 세입자가 살고 있는 집이라면 이사 날짜 협의해야지,

⑥ 계약금, 중도금, 잔금 등 주려면 대출 받아야지,

⑦ 계약서 써야지, 복비 줘야지, 등기 등록해야지,

⑧ 자금조달계획서 제출해야지,

⑨ 이사업체 알아봐야지,

⑩ 각종 공과금과 우편물 주소 변경해야지,

⑪ 입주청소해야지, 도배해야지, 인테리어 공사해야지,

⑫ 세금 공부해야지, 조금이라도 돈 벌면 양도소득세 내야지.

또 청약을 하려면 이렇다.

① 분양 예정인 아파트 알아봐야지,

② 입주자모집 공고 열심히 읽어봐야지,

③ 가격은 시세보다 비싼지 알아봐야지,

④ 청약 부적격 사항에 해당되지 않는지 조사해야지,

⑤ 규제에 해당되는 사항은 없는지 확인해야지,

⑥ 내 점수로 당첨되려면 어떤 평형과 타입이 좋을지 고민해야지,

⑦ 만약 당첨되면 계약금 마련해야지, 중도금 대출 신청해야지.

글만 읽어도 벌써 지친다. 무주택자들은 이런 모든 일들이 너무 귀찮고 두렵다. 그리고 주변에 딱히 부동산을 가르쳐줄 사람도 없어서 어떻게 시작해야 할지도 잘 모르겠다. 그래서 '집값이 떨어질 거야', '나는 인기 많은 평형과 타입에 청약해도 당첨될 수 있을 거

야'라고 합리화하고 집값이 폭
락한다는 자극적인 언론 기사
들을 보면서 자신의 눈과 귀를
가리기 시작하는 것이다.

　사실 부동산 하락장이 오거나 내가 청약에 당첨될 확률보다는
서울에 적당한 아파트 하나 사두었는데 그 아파트가 오를 확률이
더 높다. 그리고 사람들은 대부분 그 사실을 분명히 알고 있다. 마
음속 깊숙한 곳에 숨겨두고 있을 뿐.

　그렇게 눈과 귀를 가리고 살다가 전세 사는 집의 전세보증금이
수천만원 오르고 청약에 열 번 이상 떨어지다 보면 내가 전월세로
사는 A급지의 집에서 반강제적으로 쫓겨나 B급지를 알아봐야 하
는 상황에 직면하게 된다.

　그렇게 되면 이제는 귀차니즘보다 집값 상승에 대한 두려움이

커져서 계획도 없이 성급하게 집을 산다. 그리고는 충동구매에 대한 후회와 집값 하락에 대한 조바심으로 안절부절못하게 되는 것이다.

결혼과 군대는 미룰 수 있을 때까지 미루는 게 좋다는 말도 있지만, 부동산은 되도록 빨리 시작하는 게 좋다. 설령 잘못 샀더라도 그 실수를 발판 삼아서 주거에 대한 시야를 넓힐 수 있기 때문이다. 그리고 첫 구매로부터 오는 후회와 조바심이라는 백신을 맞았기 때문에 더는 충동구매라는 바이러스에 걸리지 않게 된다.

방구석에서 고민만 하는 무주택자들! 청약에서 광탈하는 30, 40대! 그리고 부동산에 관심 없는 배우자의 도움 없이 스스로 뭐라도 해보려고 구구절절한 사연을 남겨주는 50, 60대 아주머니, 아저씨들! 집값 때문에 스트레스

받는 모든 이들에게 방구석에서 혼자 고민만 하지 말고 같이 차선책을 찾아보자는 마음으로 이 책을 만들었다.

청약으로부터 버림받은 30대 무주택 '부린이'의 좌충우돌 부동산 체험기가 이런 모든 이들에게 위로와 희망의 나침반이 되었으면 한다.

청무피사

청무피사 에피소드로 셀프테스트 해보세요!

BEFORE | ## 나는 부린이일까, 아닐까?
4개 중 2개 이상이면 부린이!

1
청약에 목을 매고 있다 □

〈1부〉

2
기회를 놓치고 후회하고 있다 □

〈2부〉

3
투자금에 발이 묶여 있다 □

〈3부〉

4
하락장이 걱정돼 내집마련을 미뤘다 □

〈4부〉

* 부린이 : '부동산 + 어린이'의 줄임말

책을 읽고 행동하면 내집마련, 노후대비 OK!

AFTER | ## 나는 부린이를 탈출할 수 있을까?
4개 중 2개 이상이면 부린이 탈출!

1

내집마련 위해 손품발품 팔고 있다 ☐

〈5부〉

2

돈 되는 아파트를 골라낼 수 있다 ☐

〈부록〉

3

상급지로 갈아타기 할 수 있다 ☐

〈6부〉

4

아파트 투자로 노후대비할 계획이다 ☐

〈7부〉

차
례

│ 1부 │

신혼일기 : 빌라 전세와 청약 광탈 24

1부

청무피사의
부린이 탈출기

신혼일기 : 빌라 전세와 청약 광탈

1 언덕 위 빌라에
신혼집을 마련한 부린이

2 전셋집을 벗어나고자
아파트 청약에 도전!

3 하지만 결과는 늘 광탈

4 분노해 청약통장을 찢는 부린이

1.5억으로 시작한
빌라 신혼집

연소득 상한에 걸려
정부지원 대출 0원!

2016년 결혼, 32살 대기업 맞벌이, 합산 월소득 800만원, 빌라 전세로 시작, 디딤돌대출이고 뭐고 정부지원 하나도 못 받음. 내 돈 5천만원, 와이프 돈 5천만원, 부모님 돈 5천만원, 총 1.5억으로 예물, 폐물, 혼수 최소화하고 8천만원 대출받아서 신혼생활 시작함.

와이프 직장은 이수, 내 직장은 서울역이어서 신혼집은 사당으로 알아봤음. 이수도 가깝고 사당역에서 출발하는 4호선 지하철이 있어서 서울역까지 앉아서 갈 수도 있을 것 같았음.

신혼집을 알아보러 부모님과 함께 부동산중개소에서 소개해준 첫 집에 들어갔을 때, 부모님은 현관에서 멈추시고는 더 이상 들어가지 않으셨음. 굳이 들어갈 필요가 없었기 때문임. 10평이라 현관에서 내부가 다 보였고, 침대나 냉장고를 넣기도 힘들 것이라 생각했음. 서둘러 다음 집으로 장소를 옮겼지만, 이번에도 부모님은 현관 문턱을 넘지 않으셨음. 그리고 나도 이런 곳에서 신혼집을 시작하고 싶지는 않았음.

집을 볼수록
부모님은 점점 말수가 없어지시고…

일산에서 자란 나는 2억원 가지고 서울에서 빌라 전세를 구하는 게 이렇게 힘든 일이라는 사실을 처음 알았음.

어쩔 수 없이 역세권을 포기하고 사당과 낙성대 사이에 있는 까치고개로 올라갔음. 부동산중개소에서 소개해준 빌라는 골목 사이 외딴 곳에 있었음. 그나마 내부가 괜찮은 12평 거실 겸 부엌이 있는 투룸 빌라가 전세금 2.1억에 나와 있어서 계약금을 걸었고, 전세대출 8천만원을 받아 신혼생활을 시작함.

은행 이자는 1달에 20만원 정도 나왔음. 주변 지인들은 부모님 도움 받아서 아파트에서 전세로 시작하는데, 난 이런 빌라 살면서도 은행 이자를 내고 있었음. 시작부터 뒤처지는 느낌이었음.

매달 나가는 대출이자가 너무 아까워서 정말 이 악물고 전세대출금을 갚았음. 둘이 합쳐서 1년에 5천만원씩 상환했음. 빚을 다 갚고 나니 속이 너무 후련했고, 이제는 적금도 들고 알차게 돈을 모아서 집을 살 계획이었음.

부동산 공부는 생각조차 하지 않았음. 집값이 하락할 거라는 기사를 보면서 이제 곧 집값이 내릴 거라는 안일한 생각을 했음. 그리고 집을 사려면 최소 5억 정도 내 돈이 있어야 한다는 무식한 생각을 했음.

전세대출 8천만원 상환! 두 번째 집을 찾아서

집 사고 빚쟁이가 되면 어떻게 하지?

2017년 상반기까지, 그렇게 1년 6개월을 나름 행복하게 잘 살았음. 전세자금대출로 빌린 8천만원도 다 갚았고 더 이상 빚이라는 부담이 없어서 좋았음. 이제 전세 만료까지 6개월밖에 안 남았기 때문에, 슬슬 전세를 연장하든지 새로운 집을 찾아서 이사를 하든지 결정할 시기였음.

대학교 선배 중에 1년 전부터 주택청약을 넣고 있던 선배가 있었음. 싱글인 선배는 서울에 청약을 마흔 번 넣어서 전부 다 떨어졌다고 했음. 자신은 운이 너무 없는 것 같으니 나라도 청약을 넣어보라고 했음.

그 당시 나는 주택청약에 대해서는 아무것도 모르는 상태여서 혹시라도 청약을 넣었다가 당첨이 되면 어쩌나 하는 생각까지 했음. 집값이 떨어지면 빚쟁이가 될 것만 같은 두려움이 들었음. 그래서 집값이 떨어지더라도 실거주할 수 있을 만한 곳을 위주로 선택해서 청약을 넣기로 했음.

난생 처음 부동산 공부, 보라매 SK뷰 첫 임장기

유튜브에서 '붇옹산'이라는 사람이 올리는 동영상을 보며 공부했고, 그중에서 신길 뉴타운이 우리에게 적합하다고 판단해 보라매 SK뷰와 신길 센트럴자이 59A 타입에 청약을 넣기로 결정했음. 그 이상은 우리에게 너무나도 비싼 가격이라서 청약을 넣을 수도 없다고 생각했음.

사당에서 버스를 타고 곧 분양할 보라매 SK뷰 단지를 둘러보러 갔음. 해당 단지는 철거가 완료되어 펜스가 둘러져 있었음. 동네를 둘러보다가 인근에 있는 새 아파트로 향했음. 단지 앞에 갔더니 부동산중개소가 여러 개 있었지만 선뜻 들어가지 못하고 쭈뼛쭈뼛 서성거렸음.

당시에는 부동산중개소를 별로 가본 적이 없어서 사장님들의 말발에 사기를 당할 수도 있다는 불안감이 엄청났기 때문임. 근처를 한참 서성이다가 용기를 내서 한 부동산중개소에 들어갔음.

보라매 SK뷰에 대한 청약 정보를 물어보러 갔는데, 사장님은 한창 입주가 진행되고 있는 신길 래미안에스티움을 소개해줬음. 신축 전세가격이 궁금해서 25평 전세가를 물어봤더니 사장님이 전세는 4억이 조금 안된다고 했음. 새 아파트인데 전세금 4억이라니 괜찮아 보였음. 그래도 '이제 간신히 전세자금대출을 다 갚았는데 또 빚을 내서 전세를 살아야 되나?' 하는 생각을 떨칠 수 없었음.

부동산중개소 사장님은 7억에 나온 34평 매물(2020년 3월 시세 14억)이 있다면서 사라고 했음.

그 당시 나에게 갭투자*로 집을 살 수 있다고 친절히 알려주는 사람은 아무도 없었음. 내가 가진 돈은 2억뿐이라 그 집을 사려면 현금 5억이 더 필요하다고 생각하는 순진한 부린이였음.

혀를 내두르고는 부동산중개소 밖으로 나왔음. 사당 전셋집 근처에는 없는 커다란 보라매공원을 한 바퀴 돌면서 청약에 당첨되기를 기도했음.

◆ 갭투자 : 전세 세입자가 살고 있는 집을 사는 것. 적은 자본으로 거래할 수 있다는 장점이 있음. 매매가격에서 전세보증금을 뺀 차액만 매도자에게 주고 세입자의 전세보증금 반환 의무를 매수자가 승계함. 5억짜리 아파트에 3억 전세 세입자가 살고 있다면 2억만 매도자에게 주고, 3억 전세보증금을 매수자가 세입자에게 돌려주기로 하는 거래방식임.

청약 광탈!
취업보다 어렵다니!

나는 어떻게 '청무피사'의 길에 들어섰는가?

2017년 당시 보라매, 신풍 지역에 분양가가 너무 높게 나왔다며 무주택자들에게 비난받던 보라매 SK뷰 34평의 일반분양가는 6.7억 정도였음. 이때까지만 하더라도 서울 아파트 전용면적 85㎡ 이하 추첨제 물량이 60%라서 나처럼 청약점수가 낮은 30대도 당첨될 수 있을 거라는 희망을 가질 수 있었음.

앞으로 분양할 아파트는 많으니 가장 인기 많은 평수에 넣어야겠다고 자만했고, 그래서 당시 가장 인기가 많을 것이라 예상한 59A 타입에 청약을 넣었음. 그리고 105:1의 경쟁률을 뚫지 못하고 광탈했음.

그 뒤로 59A 타입 아파트에 몇 개 더 청약을 넣었으나 다 광탈했음. 대기업에 지원했을 때도 이 정도로 광탈한 적은 없었는데…. 청약의 문은 취업의 문보다 훨씬 더 어려웠음.

여러 번의 광탈을 겪고 정신을 차려보니 서울 아파트 전용면적 85㎡ 이하 추첨제는 역사 속으로 사라졌고, 전부 가점제◆로 바뀌어 있었음. 이로 인해 내가 청약에 당첨될 수 있을지 없을지에 대한 고민은 점점 커졌고, 나의 가점을 예측해보기로 했음.

아이를 1명 낳으면 10년이 지나도 40점대. 서울 아파트 청약에 당첨되려면 최소 50점은 넘어야 한다던데…. 정말 진심으로 답이 없었음. 40대 중반이 되더라도 청약으로 내 집을 가질 가망이 없다는 것임. 내가 '청무피사'(**청약**은 **무**슨, **피** 주고 **사**!)의 길로 들어선 게 바로 이때부터임.

청약통장이 있는 신한은행으로 갔음. 어릴 적부터 부모님이 적

◆ 청약가점제 : 무주택기간, 부양가족수, 청약통장 가입기간 점수를 합산해 점수가 높은 지원자에게 우선적으로 아파트를 분양해주는 것을 말함.

금처럼 넣어주신 청약통장에 1천만원이 들어 있어서 청약에 필요한 300만원만 남기고 찾고, 다른 자투리 돈들도 다 찾아서 집 사는 데 계약금으로 쓸 생각이었음.

그런데 청약통장에 돈을 넣는 건 자유지만 청약통장을 해지하지 않는 한 돈을 찾을 방법은 없다고 은행원이 말하는 것임. 대안으로 주택청약담보대출을 통해서 돈을 빌릴 수 있다고 함. 내 돈을 예치해놓고 그 돈을 담보로 대출을 받아서 이자를 내는 게 뭐하는 짓인가 싶었음.

난 정부로부터 아무런 혜택을 못 받고 지내는 것에 큰 불만은 없었음. 그런데 정부는 내가 청약으로 내 집을 가질 수 있는 유일한 사다리를 부숴버렸음. 너무 화가 났음.

그래서 10년 넘는 청약통장을 깨버렸음. 장기노후연금, 적금, 기타 적금 등 그동안 노후대책을 위해서 들어둔 적금들을 원금손실까지 감내하면서 다 깨버렸음. 85㎡ 이하 추첨제가 사라진 충격에 눈에 뵈는 게 없었음.

2년이 지난 지금에 와서 돌이켜보면, 청약통장을 해지한 건 상당히 아쉬운 결정이었던 것 같음. 상황은 바뀌게 마련이고, 당첨이 되든 안되든 청약통장은 보험이라 생각하고 되도록이면 가지고 있는 게 좋음.

로또 청약, 40점 후반부터는 전략 싸움!

수능 400점 만점에 200점 받아놓고 아무리 전략을 잘 세운다고 고민해봐야 서울대를 갈 수 없듯이, 서울 아파트 청약에 지원한다면 청약점수가 최소 40점 후반은 되어야 당첨 가능성이 있음.

■ 청약점수 40점 이하

청약점수가 40점도 안되는 부린이들은 나처럼 청무피사의 길을 걷자. 오르지 못할 나무는 쳐다도 안 보는 게 건강에 좋음. 앞서 말했지만, 청약통장은 그냥 보험처럼 가지고 있는 게 마음이 편함.

■ 청약점수 40점 후반 ~ 50점 후반

여기부터는 이제 전략 싸움임. 수능으로 따지면 400점 만점에 300~350점대 지원자들이 몰려 있는 구간. 대학 지원할 때 1, 2, 3순위에 어떤 대학을 지원했는지에 따라서 점수가 낮은데도 좋은 대학에 합격한 사람이 있고, 점수가 높다고 안심하다가 지원한 대학에 전부 다 탈락해서 재수한 사람이 있었던 걸 떠올려보면 됨.

대입 전략을 세우기 위해서 학원 특강을 수강하듯이, 부동산도 청약 강의를 듣는 게 좋다고 생각하는데, 그 이유는 분양하는 아파트마다 조건이 다르고, 분양 예정인 단지들이 많아서 전업투자자가 아닌 이상 혼자 독학하기에는 시간이 부족하기 때문임.

청약점수 40점 후반 ~ 50점 후반인 사람들은 청약으로 유명한 '열정로즈', '아임해피'의 블로그를 참고하면 도움이 많이 될 것임. 청무피사인 나에게는 문의하지 말자. 나는 10년 넘은 청약통장도 해지한 원조 청무피사임.

 청약가점제 계산하기

2017년 청무피사의 청약점수는 총 26점! ···

무주택기간은 1년 이상~2년 미만(2016년 2월 혼인신고)으로 4점.
부양가족은 와이프 1명이라 10점.
청약통장 가입기간은 10년이 조금 넘어서 12점.

2017년 당시 청약가점제는 50점은 넘어야 당첨을 기대할 수 있었음.

가점 항목	가점 구분	점수	가점 구분	점수
① 무주택기간 (32점)	30세 미만 미혼 무주택자	0	8년 이상 ~ 9년 미만	18
	1년 미만(무주택자에 한함)	2	9년 이상 ~ 10년 미만	20
	1년 이상 ~ 2년 미만	4	10년 이상 ~ 11년 미만	22
	2년 이상 ~ 3년 미만	6	11년 이상 ~ 12년 미만	24
	3년 이상 ~ 4년 미만	8	12년 이상 ~ 13년 미만	26
	4년 이상 ~ 5년 미만	10	13년 이상 ~ 14년 미만	28
	5년 이상 ~ 6년 미만	12	14년 이상 ~ 15년 미만	30
	6년 이상 ~ 7년 미만	14	15년 이상	32
	7년 이상 ~ 8년 미만	16		
② 부양가족수 (35점)	0명(가입자 본인)	5	4명	25
	1명	10	5명	30
	2명	15	6명 이상	35
	3명	20		
③ 청약통장 가입기간 (17점)	6월 미만	1	8년 이상 ~ 9년 미만	10
	6월 이상 ~ 1년 미만	2	9년 이상 ~ 10년 미만	11
	1년 이상 ~ 2년 미만	3	10년 이상 ~ 11년 미만	12
	2년 이상 ~ 3년 미만	4	11년 이상 ~ 12년 미만	13
	3년 이상 ~ 4년 미만	5	12년 이상 ~ 13년 미만	14
	4년 이상 ~ 5년 미만	6	13년 이상 ~ 14년 미만	15
	5년 이상 ~ 6년 미만	7	14년 이상 ~ 15년 미만	16
	6년 이상 ~ 7년 미만	8	15년 이상	17
	7년 이상 ~ 8년 미만	9		

청무피사의
청약점수
총 26점

100만 불카페 BEST 등극!
"완전 공감! 제 얘기 같아요!"

작성자 ID : 청무피사　　　　　　　　　　좋아요 ♥ 237

냥님과동거
이거 완전 지금의 제 상황!!!
몇 년이 걸려서 이제 겨우 종잣돈 모았는데
내 집 하나 갖기가 이렇게 힘드네요ㅠㅠ

핫브레이쿠
요즘에 청포족이라는 단어도 생겼더라고요.
청약을 포기하는 사람들이라고.

긍정행복맘
가진 것 없는 대기업 직장인이라 핵공감합니다.
유리지갑에 세금으로 털리고 정부에서 지원은 꿈도 못 꿨어요.
수중에 떨어지는 건 없는데, 연봉이 높아 뭐든 안된답니다.
월급, 보너스 나오면 악착같이 모았네요.

> **드림소리**
> 총알 모으면서 계속 공부하면 됩니다~
> 어차피 부동산 매매는 한 번에 끝나지 않으니까
> 지금 공부해놓으면 두고두고 도움이 될 거예요~

등기치러가는길
제 주변에도 부동산 가르쳐주는 사람이 없었어요.
혼자 매일 책, 유튜브, 강의 보면서 열공했고
지금은 다주택자가 되었습니다. 부린이들 힘내세요!

2
부

청무피사의
부린이 탈출기

우연히 뛰어든
강남 재건축 수주전!

1 갑작스레 재건축 사업에
투입된 부린이

나
건설사 직원

부린씨
△△재건축 아파트
조합원님 좀 뵙고와

넵
넵!

2 강남 재건축 조합원을 만나러 감

3 재개발 재건축이라는
신세계를 알아버렸고

그 재산이
다 재개발
재건축으로
쌓은 거라고?

오호..

4 조합원이 되겠다는
의지를 불태우는데…

나도
조합원 될 거야!!

불용산의
재개발
재건축

수강신청

돈이된다!
재개발
재건축

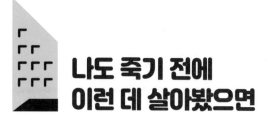

나도 죽기 전에
이런 데 살아봤으면

회사일로 뛰어든 강남 재건축 수주전, 진짜 부동산 공부의 시작!

어느 날 회사에서 재건축 수주전에 일손이 부족하다면서 몇 달만 업무지원해달라는 요청을 받았음. 재건축 수주전은 건설회사가 재건축공사를 수주하기 위해서 조합원들에게 해당 단지의 설계안을 홍보하는 일련의 과정을 말함.

건설회사에서 일하고는 있지만 평소 내 업무와는 전혀 다른 스타일의 업무였기 때문에 망설여졌음. 그래도 '훗날 도움이 되지 않을까?' 하는 막연한 기대 + '이 기회에 부동산 공부나 해보자'는 마음으로 재건축 수주전 업무에 참여했음.

아침 일찍 강남에 있는 현장사무실로 출근했음. 강남 재건축단지의 설계안이 배포되었고 설계담당자가 나와서 전반적인 설명을 시작했음.

강남 특화 설계안을 받았을 때는 '죽기 전에 이런 데 한번 살아보면 소원이 없겠다'는 느낌이었음. 군대에서 전역한 직후 처음으로 스마트폰을 만져봤을 때의 느낌이랄까?

휴대전화가 폴더폰에서 스마트폰으로 진화했듯이 아파트도 혁신적으로 변모하고 있었음. **돈이 없던 나만 몰랐을 뿐…**.

특명, 10명의 조합원들 설득하기

건설사에서는 재건축 수주전 때 조합원들을 위해서 현장설명회를 진행함. 회사의 장점을 어필하고 설계 내용을 설명해주면서 조합원들이 해당 건설사에 호감을 가질 수 있도록 하는 중요한 자리임.

내가 조합원이라면 현장설명회에 꼭 참석해서 수주전에 참여한 건설사들이 어떤 설계안을 가져왔는지 찬찬히 살펴볼 것 같은데…
의외로 조합원들의 참석률이 굉장히 저조했음. 강남 아파트 값만
큼이나 조합원들의 몸값도 비싸다는 생각이 들었음.

나는 현장설명회에 참석하지 못한 조합원이 요청하면 홍보책자
를 갖다주면서 간략한 설명을 해주고, 조합원이 궁금해하는 사항
이 있으면 대답도 해줬음. 질문은 대부분 재건축 사업 일정에 대한
것이었음.

사실 이런 질문은 건설사에 물어볼 게 아니라 조합에 문의해야
하는 사항임. 모든 재개발 재건축 사업장이 그렇긴 하겠지만 여기
도 조합과 조합원들 간에 소통이 잘 안되고 있다는 걸 느꼈음.

재개발 재건축 책부터
독파 시작!

목동과 분당이 왜 핫한지 깨닫다

조합원들은 대부분 전세를 주고 다른 지역에 살거나 외국에 살고 있어서 나는 남는 시간이 많았음.

일전에 조합원에게 홍보책자를 전달할 때 조합원이 대출이나 분담금 관련해서 질문을 했는데, 솔직히 무주택자인 내가 뭘 알겠음. 대충 둘러대고 얼른 서점으로 가서 재건축 관련 책을 3권 사서 근처 카페에 들어갔음. 카페에서 재건축 관련 책을 읽으며 자기계발도 하고 축적된 지식으로 조합원의 가려운 부분을 긁어줄 작전이었음.

《돈 되는 재건축 재개발》이라는 책을 샀음. 나는 두루뭉술하게 설명하는 책을 굉장히 싫어하는데, 이 책은 상당히 명확하고 계산적임.

재개발 재건축 책을 읽다 보니 내가 여기에 왜 와 있는지 이해가 되기 시작했음. 그리고 앞으로 나아갈 방향도 보였음. 목동과 분당이 대지지분[◆]이 많아서 추후에 빛을 발할 정말 유망한 지역이라는 걸 깨우침.

◆ 대지지분 : 아파트 전체 단지의 대지면적을 가구수로 나눈 면적을 말함. 재건축단지의 대지지분이 많다는 것은 더 많은 아파트를 신축할 수 있어서 분양수입이 많아진다는 뜻임. 재건축 사업의 사업성을 나타내는 지표로 많이 사용됨.

강남 다주택자에게
한 수 배우다

인생의 전환점이 된 조합원과 만나다

이분을 만난 건 아마 내 인생에 있어서 가장 큰 전환점이 되었음에 틀림없음. 사람을 만나다 보면 고급 정보를 가지고 본인 혼자 사리사욕을 채우는 사람이 있는 반면, 주변 사람들에게 베푸는 사람이 있음. 이분은 후자였음.

이분은 최근에 집을 매수하는 바람에 현장설명회에 참석하지 못했다면서 홍보책자를 보고 싶다고 전화를 했음. 그래서 얼른 홍보책자를 꾸려서 찾아갔음. 어렵사리 만나 홍보책자를 보여드리면서 여러 가지 설명을 했는데 별로 관심이 없어 보였음. 오히려 나하고 같이 간 과장님에게 "젊어 보이는데 집은 있는지", "어디 사는지", "집을 살 생각은 있는지" 등을 물어보셨음. 과장님은 남양주 쪽에 오피스텔이 있다고 했는데, 이분이 그런 곳은 당장 팔라며 호통을 치셨음.

이제 내가 대답할 차례였음. 읽은 책에 따르면 유망지역은 분당, 목동인데 나는 강서 쪽 출신이라 분당은 잘 모름. 처가댁이 목동에 있어서 목동 쪽에 관심이 있다고 말했음. 다행히 나한테는 보는 눈이 있다고 하시면서 갭투자라는 지식을 하사해주셨음. 청약 말고도 내 돈을 일부 가지고 집을 살 수 있는 방법이 있다는 것을 처음 알게 됨.

건설회사에 다니는 내가 오히려 조합원인 강남 아주머니께 부동산을 배우고 있었음. 나는 분명 우리 회사 홍보하러 갔는데 1시간 내내 집을 사야 된다는 말만 귀에 못이 박히게 들었음.

강남 다주택자의 투자방식

이분은 강남에서만 활동하는 다주택자였음. 요즘 젊은 사람들은 커피 마시러 카페에 간다면 이분은 카페 드나들듯 부동산중개소에 가는 사람이었음. 부동산의 동향을 늘 파악하고 있었고 세금 계산도 철저했음.

그런데 이분의 투자법이 생각보다 간단했음.

급매가 나오면 싸게 사서 전세 주고 갖고 있다가 세금이 급격히 줄어드는 구간이 되면 일부를 처분하고 다시 새로운 매물을 사는 것. 다주택투자를 위해서 정작 본인은 월세 아파트에 살고 있었음.

20년 동안 강남에서 부동산투자를 하신 분이 추천한 목동에 집을 사야겠다고 다짐하면서 하루 일과를 마치고 집으로 돌아왔음.

또 다른 조합원도 역시 다주택자

추가로 연락이 닿은 조합원도 다주택자였음. 지금 살고 있는 집은 용산에 있으니 용산으로 와달라는 전화를 받고 홍보책자를 꾸려 찾아갔음. 조합원이 살고 있는 주상복합은 경비원에게 저지당하지는 않을까 노심초사할 만큼 화려했음. 건물 안으로 깊숙이 발을 내딛을수록 '나 같은 부류와는 다른 세상에 살고 있는 사람이구나' 하는 생각이 들었음.

이 조합원은 굉장히 젊었음. 남편이 드라마틱하게 사업에 성공했거나 혹은 집안 대대로 부잣집 사람 같았음. 1주일 내내 회사에 매어 사는 나와는 달리 남들 일하는 평일에도 취미활동을 즐기는 삶을 살고 있었음. 요즘 어쭙잖게 아파트 하나 들고서 남의 아파트를 비방하는 부류들과는 완전 다른 부류였음. 기품이 느껴졌고 금수저 집안의 향기가 났음.

조합원에게 설계 내용을 설명하면서 슬쩍슬쩍 집 구경을 했음. 30층에서 내려다보는 50평대 주상복합의 뷰는 환상적이었음. 너무 부러워서 이대로 돌아서면 내 삶이 너무 초라해질까 봐 같이 간 홍보과장님께 주상복합에 들어와 있으니 머리가 어지럽다는 되도 않는 말을 떠들어대며 주상복합을 깎아내리고 나왔음.

그래, 재건축 아파트 조합원이 되자!

다시 경쟁사와 치열한 수주전

경쟁사와 경쟁이 갈수록 심해져서 이제는 거의 난장판이나 다름없었음. 예를 들어서 우리 회사가 A급 마감재로 설계를 준비했으면 우리 회사는 A급 마감재의 가치를 설명하는 홍보책자를 내보냄. 그걸 입수한 경쟁사는 A급 마감재의 단점만 찾아내서 비방하거나, 다른 지역에서는 S급을 썼는데 여기서는 A급을 쓴다면서 공격하기 시작함. 그러고선 자신들은 S급 마감재를 써주겠다고 하는 식임.

A급 마감재라는 팩트는 경쟁사에 있는 악마의 편집자에 의해서

난도질을 당함. 물론 경쟁사의 홍보책자는 또 우리 회사에 있는 악마의 편집자에 의해 탈탈 털려서 재활용하는 것도 불가능할 수준이 됨. 그러는 사이 조합원들은 어떤 것이 사실인지 헷갈리기 시작하고 내부분열이 일어남.

개뿔도 없는 사람이 연예인 걱정한다고, 무주택자인 내가 강남 조합원들을 걱정하기 시작했음. 어떻게 하면 팩트만 알려줄 수 있을까 고민하기도 하고, 책도 읽고 유튜브도 보면서 대출이나 여러 가지 부동산 관련 내용들을 습득해서 전달했음. 돌이켜보면 이때 부동산을 많이 배웠음.

2달 후, 드디어 결전의 날!

긴 수주전이 끝나고 결과 발표만 남았음. 이미 조직에서는 패배를 직감하는 분위기였고, 우리는 우리끼리 위로하며 서로 고생했다고 다독이고 있었음.

그런데 결과는 그 반대.

많은 사람들이 최선을 다해 진심으로 다가간 게 효과가 있었던 것인지, 결국 우리 회사가 재건축을 수주했고 우리는 환희에 차서 미친 듯이 포효했음.

회사에 정말 큰 일조를 한 것만 같았고 그동안의 고생이 보답 받는 것 같아서 기뻤음. 그리고 개선장군마냥 의기양양하게 원래 내 자리로 돌아왔고, 이제 부동산에 대한 목표가 생기기 시작했음.

'그래! 재건축 아파트를 사서 나도 조합원이 되어야지.'

tip 재개발 핵심 용어

- **감정평가액** : 감정평가사가 공식적으로 평가한 주택의 금액. 보통 매매시세보다 훨씬 적음.
- **비례율** : 재개발을 통해 발생하는 사업의 예상 수입에서 지출을 뺀 금액을 조합원 자산평가액으로 나눈 값. 보통 100%이며 100%보다 높으면 사업성이 좋다고 할 수 있음.
- **권리가액** : 감정평가액 × 비례율. 감정평가액에 사업성을 반영한 것. 감정평가액은 동일한데 비례율이 높으면(사업성이 좋으면) 그만큼 조합원들의 권리가 높아지는 것임.
- **프리미엄** : 입주권에 대한 가치를 사기 위해서 본래 주택의 가치보다 웃돈으로 주는 금액
- **매매가** : 권리가액 ㅏ 프리미엄
- **입주권** : 관리처분인가 이후 새로 지어질 주택을 조합원이 취득할 수 있는 권리
- **분양권** : 분양을 통해 청약에 당첨된 당첨자가 신축 아파트에 입주할 수 있는 권리
- **조합원 분양가** : 조합원에게 시세보다 저렴한 가격으로 분양해주는 금액
- **분담금** : 조합원 분양가 - 권리가액. 조합원분양을 받기 위해 조합원들이 내야 하는 분담금으로, 관리처분계획에 따라 매매비용을 나누어 부담함.
- **추가분담금** : 추가로 내야 하는 분담금. 사업비가 예상한 금액을 넘어가는 경우 초과된 비용을 조합원들에게 걷어서 충당함.
- **초투** : 초기투자금의 줄임말. '권리가액 + 프리미엄 - 이주비' 또는 '권리가액 + 프리미엄 - 전세보증금'으로 계산
- **이주비** : 권리가액의 40~60%에 해당되는 금액으로, 조합원이 공사기간 동안 이주할 수 있도록 지원해주는 대출금액

100만 붑카페 BEST 등극!
"조합원이 뭔지도 몰랐는데…."

작성자 ID : 청무피사   좋아요 ♥ 351

KYC
저때만 해도 서울 갭투자가 그렇게 어렵진 않았나 봐요.
자극이 많이 됩니다!

분양인
부린이라 조합원이 뭔지 몰랐는데…
왜 좋은지 이제 알겠네요.

> **LEE9110**
> 전에 재건축 조합장 투표 감시(?)하는 아르바이트를
> 했는데, 재건축 조합원들 대부분이 다주택자에,
> 옷들이 삐까뻔쩍하더라고요.
> 새로운 세상이었습니다.

컹이만세
재개발 입주권이 너무 어렵다면
분양권부터 노리는 게 좋을 듯.

> **BBiYonG**
> 맞아요. 전세 살면서 분양권 매수하는 거
> 투자금 적은 신혼부부나 부린이한테 좋은 테크예요!

3
부

청무피사의
부린이 탈출기

두둥, 부동산 폭등의 서막

1 또다시 달릴 준비를 하는 강남 아파트
다른 아파트를 끌고 가려 함

2 갑작스런 소식에 놀란
부린이

3 돈이 부족해 전세금을 빼려 애쓰지만
결과는 또 실패

4 남은 선택지는
전세 끼고 내집마련!

P가 4천에서 2억으로!
용감한 동기는 실행에 옮기고

현장에서 만난 투자 정보 '갈현 1구역'

재건축 수주전이 끝나고 팀에 돌아왔을 때 팀 사람들은 현장에서 무슨 일이 있었는지 자못 궁금해했음.

나는 마치 군대 영웅담처럼 이 얘기 저 얘기 하면서 강남 다주택 조합원에게 칭찬받은 대목, 즉 목동을 사라고 아는 척을 했음.

그러나 다들 집을 사고 싶어하지 않았음. 집 사면 빚쟁이가 된다는 고정관념이 머릿속에 박혀 있는 듯했음.

재건축 수주전 현장에서 나는 갈현 1구역이 투자가치가 있다는 사실을 알게 됐음. 정보는 역시 현장 바닥에서 나오는 정보가 최고임. 그 당시 갈현 1구역은 건축심의˙ 단계에 있는 재개발 사업장이었음.

갈현 1구역을 한번 사볼까 하는 마음에 매물을 이것저것 알아보다가, 재개발이 되더라도 실거주는 좀 힘들지 않을까 하는 정신 나간 판단으로 결국 거래는 하지 않았음. 그 당시 프리미엄(또는 P라고함)은 4천만원 수준이었음.

대신 전세계약이 만료되어 이사 갈 곳을 찾고 있던 여자 동기에게 갈현 1구역이 유망하다고 알려주면서, 대출을 좀 받아서 갈현 1구역의 재개발 매물을 사고 거기서 실거주하면서 출퇴근하는 건 어떻겠냐고 얘기했음.

물론 경사가 있고 골목도 어두워서 여자 혼자 살기에는 무리가 있어 보였지만, 그 정도는 감당할 수 있을 테니 그냥 사라고 했음.

◆ 건축심의 : 건축 설계도의 설계, 디자인, 건축법 위배 등을 확인하는 단계로, 건축물에 대한 큰 틀을 정하는 단계를 말함.

2년 후 프리미엄이 2억으로 껑충!

다음날 동기는 내 말만 믿고 가서 덜컥 집을 계약하고 왔음. 괜히 조언해주고 집값 떨어지면 욕먹을까 봐 그 동기와는 당분간 연락하지 않았음.

그런데 그로부터 2년 뒤, 반신반의한 갈현 1구역에서 2억 이상의 시세차익이 난 것임. 이제는 그 동기에게 당당하게 전화를 걸어서 밥 사달라고 함.

갈현 1구역 사례를 보면 알 수 있듯이 빠른 실행력을 가진 사람이 부동산시장에서 늘 승리했다는 것을 잊지 말아야 함.

강남 아주머니 전화
"목동 샀어요?"

"강남 폭등 시작이야!
부모님께 돈 빌려서라도 꼭 사!"

수주전으로 몸과 마음이 피폐해졌고 휴식이 필요해서 와이프랑
집 근처에서 힐링하고 있는데 모르는 번호로 전화가 왔음.

"여보세요?"
"아, 나 그때 수주전 할 때 조합원인데, 목동 샀어요?"

강남 다주택자 아주머니는 내가 잘살고 있는지 궁금했나 봄.

"아, 사려고 하는데 돈이 좀 부족하네요."

"내가 알아봤는데, 목동 4단지를 사. 그리고 돈이 없으면 부모님한테 빌려서라도 어떻게든 마련해봐. 지금 강남 쪽에 폭등이 시작될 조짐이 나타나고 있어. 반드시 사야 돼, 꼭!!!"

"엇⋯."

이번엔 꼭 실행해야지! 목동 임장 시작!

강남 다주택사 아주머니는 사실 강남밖에 모르심. 그런데 나를 위해서 목동을 알아봐주신 것임. 너무 고마웠음.

다음날 바로 목동 부동산중개소에 예약하고 물건을 보러 갔음. 부동산중개소에서 목동 신시가지 4단지의 19평 매매가 6.5억, 전세가 3억, 갭 3.5억짜리 물건(2020년 3월 시세 10.5억선)이 전날 팔렸다고 했음.

당시 내 수중에는 각종 적금과 청약통장을 깨서 마련한 3천만 원, 그리고 사당 전셋집에 묶인 전세보증금 2.1억밖에 없었음. 새로 나온 매물은 6.8억 정도였고 전세가는 비슷했음.

전세보증금 2.1억 + 3천만원 + 신용대출까지 받더라도 갭 3.3억 (매매 6.8억 - 전세 3.5억)인 매물을 사기는 어려워 보였지만, 그래도 시도는 해보자 싶어서 사당 집주인에게 전화해 전세를 월세로 전환하자고 했음.

그러나 곧바로 거절당했음.

번번이 놓친 기회, 대안을 찾아라

차라리 재건축 가능한 아파트를 찾자

1차 매수 타이밍은 놓쳤음. 목동은 이미 내 손을 훨훨 떠나갈 만큼 폭등해서 8억선을 횡보하고 있었고, 내 전세 만료는 얼마 안 남아 있었음.

그래서 이제는 눈높이를 낮춰 학군을 포기하고, 좀더 저렴하면서도 재건축 가능성이 있는 집을 알아보기 시작했음. 책에서 배운 대로 '씨:리얼'(부동산 정보 포털사이트)에 들어가서 대지지분을 살피면서 유망한 단지를 찾기 시작했음.

그리하여 영등포구청 쪽에 있는 당산 유원제일 1차를 찾고 인근 부동산중개소로 달려갔음. 안타깝게도 전세가 높게 껴 있는 물건이 없었고, 월세가 끼어 있는 물건만 있어서 내 자금으로는 살 수가 없었음. 그래서 차선으로 마포 도화동 우성(2020년 3월 시세 8.5억)을 4.5억에 사는 것도 고려해봤음.

폭등하는 부동산시장, 묶여버린 전세보증금

계약금이 부족한 상태에서 당산 유원제일 1차처럼 재건축이 많이 남았거나 도화동 우성처럼 언덕이라는 좋은 핑계는 나를 결정장애로 만들어버렸음. 결국 나는 고민만 하다가 집을 못 사고 전세보증금 1천만원을 올려주는 조건으로 전세계약을 1년 연장했음. 따라서 이제는 실거주가 아닌 갭투자로, 전세가 끼어 있는 집을 사야 했음.

목동 아파트는 물건너갔지만, 그래도 목동이라는 지역은 포기하고 싶지 않았음. 목동은 내 돈으로 살 수 있는 최고의 입지였음. 그래서 처가댁 근처에 있는 목동 진도 2차(2020년 3월 시세 9.3억)를 매매 6.5억에 전세 4.5억, 갭 2억으로 사려고 임장도 다니면서 몇날며칠을 고민했음.

전세금에 돈이 다 묶여 있어서인지 나홀로아파트는 사면 안 좋다는 말이 더 달콤하게 다가왔음. 자산에 유동성이 없으니까 나도 움직이고 싶지 않았고, 주저하면서 망설이는 사이에 다른 사람에게 매물을 뺏겼음.

공부는 죽어라 해놓고 번번이 매물을 놓치고 뒤돌아서 후회하는 내 모습이 너무 싫었음. 대팔대사(어차피 집값이 오르니까 **대충 팔고 대충 사**라는 뜻)처럼 나도 고민 좀 안 하고 집을 사고 싶은데… 내가 이 돈을 모으기 위해서 고생한 나날들을 생각하니 절대 쉽게 투자할 수 없었음. 그렇다고 집값이 계속 오르는 게 보이는데 언제까지 전세만 살 수도 없는 노릇이고, 청약은 될 확률도 없고, 그야말로 진퇴양난이었음.

내가 이렇게 고뇌만 하는 사이에 1달도 안 지나서 강남 아주머니 말처럼 모든 부동산이 다 폭등해버렸음. 두 번 다시 놓치지 않겠다고 굳게 다짐했지만 이제 내 돈으로는 목동, 마포, 당산에서 살 수 있는 집은 없었음. 더 하급지로 이동해야만 했음. 그렇게 9호선 급행 라인 따라서 찾은 곳이 가양, 등촌동이었음.

100만 붇카페 BEST 등극!
"호가가 막 뛰는 지역은 무서워요."

작성자 ID : 청무피사　　　　　　　　　　　　　　　　좋아요 ♥ **278**

띠또맘
요 글 보고도 안 사는 무주택자 분 설마 없겠지요?ㅠㅜ

둥기둥기둥
전세도 전세지만,
실거주로 들어가게 되면 부동산의 유동성이 확 줄어들죠!

김순대
호가가 바로바로 뛰는 지역은 무서워요.
부린이라 아직 감이 없어서 ….
상승세가 주춤해질 때까지 기다려보려는데
아파트가 훨훨 날아가네요~

　　└　**IGHWL**
　　　오랜만에 대학 선배들을 만났는데 다들 벌써 집을
　　　마련했더라고요. 그때의 충격이란~ 그때 자극 받아
　　　지금 열심히 내집마련 하려고 노력하고 있습니다.

　　└　**KC0762**
　　　부린이한테 가장 중요한 건 실행력이죠!
　　　귀찮음을 감수하고 움직여라!

4
부

청무피사의
부린이 탈출기

결혼 3년 만에 아파트를 사다!

1 계약서를 쓰고 나름 뿌듯한 부린이
그러나 어딘가 불안해 보임

2 부린이 멘탈을 뒤흔드는 한마디
"제2의 IMF가 온대."

3 결국 하락장을
경험하는 부린이

4 하지만 이내 상승장 롤러코스터를
타게 되는데…

영끌 2.5억, 어디로 가야 할까?

돈이 돈을 버는 게임판

강남 아주머니가 알면 개탄할 일임. 그렇게 신경써줬는데 목동을 못 사다니! 썰물처럼 멀어져가는 집들을 보면서, 모래 위에 젖어서 덜덜 떨고 있는 신발 같은 내 현실이 너무 속상했음. 다른 투자자들은 부동산으로 돈 벌어서 또 부동산을 사고 있건만, 초기투자금이 부족한 나는 눈만 껌뻑껌뻑거리고 있었음. 이건 돈이 돈을 버는 게임판임.

부동산 상승기 중반기였던 2018년도에도 갭투자금 2.5억을 가지고 서울에서 집을 구하는 건 쉽지 않았음.

집값 상승률이 크면서,

혹시 집값이 떨어져도 실거주하면서 버틸 수 있고,

2.5억으로 투자할 수 있는!

그런 유망한 지역이 어디인지 정말 많이 고민했음. 왜냐하면 2.5억은 나와 와이프가 악착같이 모은 전 재산이니까.

선택! 가양 6단지
하지만 극렬한 반대에 직면!

강동, 강남 쪽은 워낙 잘 몰랐기 때문에 강서, 강북 위주로 알아봤고, 처가와 본가가 비교적 가까운 강서 + 한강조망 + 역세권 + 대단지 + 재건축 + 대지지분을 고려해서 아파트를 물색하기 시작했음. 그렇게 가양 6단지를 처음 알게 됨. 사실 그전까지 가양은 '못 사는 동네'라는 나의 선입견으로 가득 차 있는 곳이었음.

엑셀로 취득비용과 은행 이자 등을 계산했더니 집값이 5년간 5천만원만 올라도 이득임을 알게 됨. 가양 6단지는 5년 뒤에 최소 2억은 오르겠다 생각했음. 설령 집값이 20% 떨어지고, 금리가 5%로 상승하고, 와이프가 육아휴직을 하더라도 1달에 이자 150만원은 충분히 갚으면서 버틸 수 있을 것이라 판단했음.

그런데 그 당시 부모님, 지인 중에서 집을 사는 것을 반대하는 사람들이 너무 많았음.

"빚을 너무 많이 지면 사는 데 재미가 없다."
"제2의 IMF가 온다."
"집값 반 토막 난다."

특히 베이비붐 세대 부모님들은 IMF를 겪으면서 부동산투자로 폭망을 경험한 사람을 많이 봤기 때문에 부동산투자에 매우 보수적임. 그런데 그분들도 본인들 사는 집이 장기적으로 우상향해 집값이 자산의 70% 이상을 차지한다는 사실은 간과하고 있었음.

"화폐가치는 하락하잖아?"

부동산중개소에 가봐도 매물이 거의 없고, 어쩌다 있어도 층수가 너무 낮거나 타입이 안 좋은 매물뿐이었음. 한 템포 쉬라는 부동산중개소 사장님의 말도 있고 해서 아파트 구매를 망설이면서 혼자 1주일을 끙끙 앓았음.

그때 그 어떤 조언보다 나에게 깊이 다가온 말은 이거였음.

"화폐가치는 하락하고 있다."

최저임금이 폭등할 때부터 화폐가치가 하락할 수 있다고 생각하던 나에게 '화폐가치 하락'이라는 말은 구매의 촛불이 되었고, 지금도 **집값을 상승시키는 요인은 공급 부족이 아닌 풍부한 유동성에 따른 화폐가치의 하락이라는 생각에 변함이 없음.**

tip 영끌은 얼마까지 가능할까?

'영끌'은 영혼을 끌어모은다는 뜻으로, 대출을 포함해 쓸 수 있는 돈을 최대치로 활용해 투자하는 것을 가리킴.

개인적으로 영끌의 마지노선은 월급 실수령액의 25%로 보고 있음. 매달 나가는 이자가 월급 실수령액의 25%라면 그것이 감당할 수 있는 최대치 금액이라고 생각함.

예를 들어 월수입이 600만원이라면 매달 지불할 수 있는 이자는 150만원(600만원×25%)이 되는 것이고, 금리 3.5%로 원금을 역산하면 5억원 정도가 나옴.

만약 5억 이상의 대출금을 빌리면 하락장이 오거나 금리가 오르는 경우 허리가 휘다 못해 새우등이 될 수도 있음.

매매가 5억, 전세 2.7억 생애 첫 아파트 매수!

내가 지금 잘하는 걸까?

여러 가지를 고려하고 싶었으나 매물이 워낙 적어서 집조차 보기 어려웠음. 고민하고 또 고민했음. 계약하기 전까지 가양 6단지 아파트 주변을 여섯 바퀴는 돌았고 임장만 세 번은 간 것 같음.

집 사겠다고 마음먹은 지 6개월 만인 2018년 3월경에 매매가 5억 원에 전세 2.7억짜리 집을 처음으로 매수했음. 의지만 있으면 계약이 어렵지는 않음. 다만 내 수중에 돈이 얼마 없기 때문에 두려움이 컸을 뿐임. 그리고 기어이 나는 이 두려움을 떨쳐냈음.

보통 집을 계약할 때는 계약금 10%, 중도금 30~40%, 나머지는 잔금 형태로 계약하는데 나는 돈이 너무 없어서 부동산중개소에 조율을 좀 해달라고 부탁했음. 그리하여 계약금 3천만원에 중도금 5천만원, 그리고 나머지 1.5억은 잔금 때 치르기로 합의했음.

매도인은 넓은 평형대 아파트가 필요해 염창으로 이사 간다고 했음. 가양에는 25평 이상 되는 대단지 아파트가 없다는 사실을 처음 알았음. 역시 부동산 거래를 하다 보면 건질 게 1~2개씩 나오는 법!

내 돈 3천만원 들고서 첫 매매계약서 쓰는데 별 생각이 다 들었음.

'전세가 잘 안 나가면 어떻게 하지?'
'부동산 사기 당하는 거 아니야?'
'잔금 이후에 보일러 터지면 매도자한테 물어달라고 해야 되나?'
'매도자가 왜 팔지?'
'등기부등본에 근저당이 대출금의 120%라는데, 이게 뭐지?'
'혹시 위조 신분증 아니야?'

집 사자마자 시작된 조정장, 계속되는 악몽

처음 겪어본 하락장, 계약 마치자 매매가 마이너스 2천 등장

어렵게 아파트 계약을 마치고 중도금까지 냈는데, 2018년 4월부터 조정장이 왔음. 시장에 내 매물보다 좋은 물건이 2천만원이나 저렴하게 나와서 팔리지도 않는 걸 지켜봐야 했는데, 학창시절 내 잘못 때문에 친구가 대신 벌 받고 있는 모습을 지켜봐야 하는 시간처럼 정말 힘들고 고통스러웠음.

그렇게 고민하고 고민해서 골랐건만, 하락은 끝날 기미가 보이지 않았음.

주변 지인들은 "내가 뭐라고 했냐"면서 쯧쯧거리고, "네가 집 사는 걸 보니 부동산도 끝물인가 보다" 하고 비웃었음. (기분 나쁘고 속상했는데, 이렇게 말하던 지인한테 요즘 내가 부동산 상담해주고 있음.)

52주 연속 상승하던 주식도 내가 사기만 하면 곤두박질치는 걸 보면서 난 재테크 같은 걸 하면 안되나 보다고 슬퍼했음.

로얄동, 로얄층 급매물 출현

대출도 그렇게 많은 편은 아니니 좋은 경험 했다 치고, 차근차근 돈을 모아서 대출도 갚고 2년 뒤에 입주하면 집주인 눈치도 보지 않고 좋을 것이라 생각하려고 노력했지만, 역시나 부린이 시절이라 잠잘 때마다 악몽을 꿨음.

네이버부동산에 매물이 한 5개 정도 쌓일 때까지만 해도 하락폭이 크지는 않았는데, 급매물이 1~2건 나오더니 시세보다 2천만원 이상 떨어진 가격에도 RR(로얄동, 로얄층의 줄임말)조차 거래가 되지 않았음.

상승장에 내가 집을 살 때는 부동산중개소에서 집에 대한 단점

도 얘기해주지 않고 집도 안 보여주더니, 하락장일 때 내 집에 대해서 문의하면,

"저층이라 제값 못 받아요."
"매물이 많아서 급매해도 안 나가요."
"집수리가 잘 안되어 있어서 매매가 낮춰야 돼요."

이런 식의 가슴 시린 답변이 돌아왔음.

주식이 떨어지면 주식 앱을 지워버리듯, 화가 나서 네이버부동산 앱을 지워버리고 부동산을 잊고 살기로 마음먹었음.

가양 6단지

반전, 폭등장!

3개월 만에 1억이 오르다

부동산 상황을 안 보려고 네이버부동산 앱까지 지웠건만 내 전 재산이 걸려 있는데 안 볼 수가 없어서 슬쩍슬쩍 시세를 보고 있었음. 그런데 거짓말처럼 2개월이 지난 2018년 6월부터 폭등장이 왔음! 3개월 동안 1.5억이 올랐음!

다시 서둘러 네이버부동산 앱을 설치하고 매일매일 매매가를 확인하면서 즐거워했음. 신고가(과거에 나온 적 없던 최고 거래금액)라도 나오면 주변에 자랑하고 싶어서 입이 근질근질했고, 시세대로 실거래가가 나오면 더 못 버티고 팔아버린 집주인이 안타까웠음.

교통비, 식비, 통신비, 데이트비 합쳐서 1달에 50만원만 쓰면서 3년 동안 모은 돈이 1억이었는데, 아직 차익실현은 하지 않았지만 어쨌든 부동산으로 3개월 만에 1억을 번 셈이었음. 심지어 세금 떼고 순수익 1억을 찍었음.

3개월 뒤에 9·13 대책의 여파로 조정장이 오면서 5천만원 정도 매매가가 내려갔지만, 이미 수익률이 30%를 넘은 터라 여유 있게 기다렸음. 어차피 비과세를 받으려면 2년 실거주해야 하니 기쁜 마음으로 이사를 준비하며 회사생활을 열심히 하고 있었음. 부동산 공부는 그만두고, 더 이상 국토부 장관님을 탓하지 않고 무지했던 나를 탓하기로 마음먹었음.

그런데…
내가 우물 안 개구리였다는 사실을 알게 되는 사건이 발생함.

재건축 아파트보다 신축!

청약 때문에 돈 내고 강의를 듣는다고?

지인 중에 청약 당첨을 위해 1달에 30만원가량의 돈을 내고 부동산 강의를 듣는 사람이 있었음. 지인이 강사에게 가양 6단지의 전망에 대해 물어봤는데 당장 팔라는 답변을 받았다며 나한테 알려줬음.

숱한 공부를 통해 가양 6단지라면 강서구청장에게 브리핑도 할수 있을 정도로 자신감에 차 있었는데, 어떤 뜨내기 강사가 나의 가양 6단지를 당장 팔라고 하는지 기분이 매우 나빴음. 강사는 내 자금 수준을 듣고 장위동을 추천했다고 함.

정부정책 기조가 공급을 위축시키고 있어서 신축 아파트가 각광받을 것이고, 따라서 신축으로 변모하기 위해서 시간이 오래 걸리는 재건축단지는 오르는 데 한계가 있을 것이라는 게 이유였음. 사실 나는 공급이 위축될 것이라는 사실도 잘 몰랐음. 그런 말을 들으니 가양에 대한 콩깍지가 살짝 벗겨졌음.

희소성! 희소성! 희소성!

"서울에 분양권 거래가 가능한 단지는 고작 7개 단지밖에 안 남았습니다."

이 문장은 2018년 하반기 현수막 광고임. 우리나라는 희소성이라는 가치가 더해지면 본연의 가치와 상관없이 더 폭등하는 경향이 있음. 허니버터칩, 갤럭시폴드만 봐도 알 수 있음.

내가 하나 간과한 사실은, 마곡이 아무리 날고 기어도 부동산시장에서 불변의 서열은 강남 > 강동 > 강북 > 강서순이라는 것이었음. 그때 가진 돈으로 강북부터 시작할 수 있었는데 나는 나한테 익숙한 강서(가양)를 선택하는 실수를 범하고 말았던 것.

하지만 이건 투자 측면에서 실수이고 실거주를 생각해보면 무조건 잘못했다고 볼 수는 없었음. 이래서 부동산은 여러 가지 측면을 복합적으로 고려해서 거래해야 함. 단순히 투자로만 보다가는 큰 코다칠 날이 옴.

드라마 〈스카이캐슬〉에서 보던 입시 컨설턴트마냥 부동산 컨설턴트가 존재하는 것도 신기했고, 어디 얼마나 대단한 동네이기에 "부린이님, 저를 믿으셔야 합니다"라고 하나 싶어서 네이버부동산에 들어가 매물을 찾아봤음.

장위동의 신축 아파트인 래미안 장위 퍼스트하이와 래미안 장위 포레카운티 25평이 각각 6.5억 정도에 올라와 있었음.

'서울에 신축인데 이런 저렴한 가격이 있다니?' 하는 생각을 하면서 유튜브를 찾아보니 '투미부동산', 이상우 애널리스트라는 사람도 장위동을 추천하고 있었음.

그래서 다음날 바로 광운대역으로 장위 임장을 떠났음.

100만 붐카페 BEST 등극!
"가계약했는데 잘한 걸까요?"

작성자 ID : 청무피사   **좋아요 ♡ 290**

 야호꺄르르
저랑 상황이 비슷해서 놀랐어요ㅋㅋ
16년 중반 결혼할 때 전세 폭등….
진짜 그때 전세 매물이었는데.
그러다 갑자기 살던 전셋집 가격이 심상치 않아서
18년 1월에 갭투자했죠.
저도 2억으로 집도 못 보고 계약했어요.
그때 친구들, 부모님 다들 뭐라 함.

>  **익명의부동산**
> 지금은 다들 부러워하시겠군요ㅎㅎ

 개구리마더
역시 저도 부린이네요~
수익률 이런 거 계산은 못하고,
호재로 한참 오른 용인 gtx역 구축에 가계약금 걸었어요.
잘한 일인지 하루하루 마음이 오락가락해요.
그냥 계약금 포기할까 어쩔까ㅠㅠ
입맛도 없고 불안하기만 하고… 어렵네요~

somewhere

투자금 2.5억밖에라니요,
2.5억이나 모은 거죠!
흙수저는 서울 구축부터 시작해서
차근차근 계단을 밟고 올라가는 수밖에요.

> **아쿵**
> 저도 1년 된 집 갈아타기 고민 중이에요.
> 갈아타기 뒷이야기가 너무 궁금합니다!

> **신분당타고**
> 부린이 특징 : 부동산 하나 사놓고 정착하려고 함.

두레박끈

정보수집 첫 번째 단계는 열린 마음이라고 합니다.
내 생각이 짧았다는 걸 인정하는 게 쉽지 않죠~

감자3

3040 세대들이 많이 알았으면 하는 단어 '재개발'
정부정책 반대급부로 수혜를 받을 수 있겠다는 생각이 들어요.
이런 상황에서 저렴한 매물을 발견한다면
좋은 기회가 될 거라 믿습니다.

부동산파티

서점에 있는 부동산 기초 책 3~4권 사서 반복해서 읽고,
출퇴근길에 관련 유튜브 영상 보다 보면 대충 감이 잡힘.

5
부

청무피사의
부린이 탈출기

"그 집 당장 팔고 나오세요!"

1 겨우 마련한 내 집을 팔아야 한다는
일타강사의 조언

2 귀찮고도 두려운
'갈아타기'

3 마지못해 임장에 나서는
부린이

4 지금은 재개발 물건을 사야 한다고
호통치는 부동산중개소 사장님

가양에 남을까,
장위로 옮길까?

분위기가 어두침침할수록 돈이 된다

광운대역에 내려서 래미안 장위 퍼스트하이와 래미안 장위 포레 카운티를 보러 10분 정도 걸어갔음.

예상대로 동네 분위기는 별로였음. 나는 흑석동에 있는 대학을 나왔는데, 이건 마치 흑석 재개발 전과 같은 분위기였음. 학교 다닐 때는 자취방에서 1주일에 한 번씩 나오는 독일바퀴벌레를 보면서 흑석이 쓰레기 같은 동네라고 비난했는데, 정작 쓰레기는 내 눈이었음.

나와 같은 많은 부린이들은 현재 분위기로 동네를 평가하는데, 사실 재개발은 쓰레기 같은 분위기여야 돈이 된다는 사실! 왜냐하면 볼품이 없을수록 프리미엄이 적어서 수익률이 좋음. 아무리 인기가 없는 재개발지역도 신축 아파트로 변모하는 순간 이목이 집중되면서 단점은 소리 없이 사라지고 가격이 쭉쭉 오름.

임장 가는 길에 부동산중개소에 들러서 래미안 장위 퍼스트하이, 래미안 장위 포레카운티, 꿈의숲 아이파크 매물을 물어봤음. 그런데… 어이가 없네?

3개 단지 합쳐서 4,000세대가 넘는데!
네이버부동산에 올라온 매매 물건이 40개가 있는데!
전세 물건은 300개가 있는데!

실제 매물은 4개도 없었음. 난 여기가 매물이 많아서 매수자가 매물을 고를 수 있는 매수우위시장인 줄 알고 온 사람인데….

내가 넋이 나가 있자 부동산중개소 사장님이 한 말씀 하셨음. 네이버부동산에 올라와 있는 매물수에 나누기 10을 하면 실제 매물수라고.

그래서 나는 그 뒤로 임장 가기 전에 부동산중개소에 전화해 매물부터 확인하는 습관을 갖게 되었음. 네이버부동산에 올라온 매물은 홍보용 매물이 많기 때문임. 부동산 사이트 '호갱노노', 'KB리브온'에 올라온 매물하고 비교해보고 가도 좋음.

어쨌든 집을 사려면 평형이 잘 나왔는지도 봐야 되고 새 아파트 하자 문제도 확인해야 해서 집주인한테 집 좀 보자고 했는데, 매물을 거두겠다는 답변이 돌아왔음. 내가 집을 산다고 한 것도 아니고 한번 보자고 한 것뿐인데 어이가 없었음. 나머지 매물은 가격이 시세보다 5천만원 정도 높았음.

호재는 어디나 많다
과대포장을 거두고 팩트만 보자

부동산중개소를 나와서 아파트단지를 둘러보는데, 사실 조금 실망했음. 신축의 큰 장점 중 하나는 다양한 커뮤니티시설이 있어서 자급자족이 가능하다는 건데, 별 게 없어 보였고 주변 도로들도 좁아서 교통난이 훤히 보였음.

일단 동네를 한 바퀴 돌면서 수익을 가늠해보기 시작했음.

호재는 광운대 주변 개발, 동북선 개통, 평지, 장위 뉴타운 선발 주자라는 것이고, 단점은 역세권이 아니라는 것이었음.

누가 역세권의 정의는 지하철에서 큰 게 마려워도 집까지 참고 가서 큰일을 볼 수 있는 거리라고 했는데, 여긴 집으로 가는 중간에 광운대 들어가서 실례하고 가야 될 거리였음.

또 이곳의 6호선과 착공 예정인 동북선은 주로 환승을 위한 노선일 뿐이었음. 사실 이 정도의 호재와 단점은 서울 어느 지역에나 있음. 과대포장을 제거하고 팩트만 골라서 판단하는 능력이 필요함.

25평 기준 매매가 7억에 전세 3.4억은 받을 수 있었고, 갭은 부대비용 포함 약 3.8억(2019년 9월 기준)이 필요했음.

서울 신축이므로 2년 안에 9억까지는 갈 것이라 생각했는데 문제는 전세가였음.

내가 가양을 높게 평가한 이유는 구축이지만 25평 전세가가 2.7억이라는 낮은 가격인 데다가 YBD◆, 마곡 접근이 15분 내외라 전세가 잘 나갈 거라는 확신이 있었기 때문임.

그런데 래미안 장위 퍼스트하이, 래미안 장위 포레카운티는 준 역세권에, CBD◆◆에 가려면 환승해서 45분이 걸리고, 학군이 좋은 것도 아니라 전세가 뒷받침될 수 있을까 의문이었음.

2020년에 꿈의숲 아이파크도 입주가 시작되고 3년 후에는 재개 발 중인 장위 10구역, 4구역도 입주 물량이 공급되기 때문에 매매 가는 올라도 전세가 상승은 단기적으로 한계가 있겠다는 생각이 들었음.

◆　　YBD(Yeouido Business District) : 여의도 일대의 금융업무지구 (여의도, 여의나루)
◆◆　YBD(Central Business District) : 도심권역의 정치, 경제 중심지 (광화문, 시청, 을지로)

갭투자 핵심은 전세가 상승!

장위 갈아타기가 정답인데…

'여기 전세는 당분간 4억(2019년 9월 기준) 이상으로 받기는 힘들겠구나….'

갭투자에서 가장 중요한 건 단기적으로는 매매가 상승이 아니라 전세가 상승에서 오는 투자금 회수임. 그런데 여기는 2년 뒤에 6천만원밖에 회수가 안되겠다는 생각이 들었음.

그럼에도 일단 사기만 하면 가성비 좋은 신축과 뉴타운이라는 이유로 시세차익 2억은 볼 것이라는 확신이 들었음. 다만 와이프 직장이 GBD*이기 때문에 실거주하기는 어려울 것 같았음. 그럼 양도소득세 비과세혜택은 못 받는 것임. 7억에 사서 2년 정도 가지고 있다가 9억에 팔면 양도소득세, 부대비용 빼고 1.5억 벌겠다는 계산이 나왔음.

이제 갈아타는 것의 이점이 얼마나 있는지 가양 6단지와 장위 아파트 간에 수익 비교를 시작했음. 이후 내용은 부린이들이라면 어려워할 부분이니 그냥 가벼운 마음으로 보시기 바람.

가양 6단지를 실거주하면서 2년 더 보유하면 양도소득세 비과세혜택을 받게 됨. 만약 실거주 안 하고 바로 팔면 양도소득세로 2천만원 정도 내야 함.

그러니까 가양 6단지 매매가 상승 금액 + 양도소득세 2천만원 + 장위 아파트 매수시 부대비용(취득세, 복비 등) 2천만원보다 장위 아파트 매매가가 더 올라야 이익이라는 결론이 나옴.

◆ GBD(Gangnam Business District) : 강남대로와 테헤란로 일대 (강남역, 삼성역)

**가양 6단지 매매가 상승 금액 + 가양 6단지 양도소득세(2천만원) +
장위 부대비용(2천만원)**

∧

장위 아파트 매매가 상승 금액

즉, 장위 아파트가 가양 아파트보다 4천만원이 더 올라야 하는데 과연 그럴 것인가?

당시 가양 6단지 25평은 매매가가 6억 구간을 간당간당하고 있었음. 2020년에는 취득세율이 변경되었지만 당시 매매가 6억은 취득세가 1.1%에서 2.2%로 올라가는 구간이었기 때문에 6억의 벽은 돌파가 쉽지 않겠다는 생각이 들었음. 또 서울 신축 가격이 1년에 1억씩 오르고 있는 상승추이를 볼 때 구축인 가양 6단지보다는 장위가 낫다는 확신이 들었음.

그럼 갈아타는 게 맞는 건데…
정말 너무나도 귀찮은 거임.

여러 부동산중개소에 가양 6단지 매물 내놔야지,
세입자한테 양해 구해야지,

매도 계약해야지,

장위 아파트 매물 찾아봐야지,

매수 계약해야지,

대출 더 땡겨와야지….

거기다 날짜 잘못 맞추면 개판 되는 것임. 군대 말년에 받는 유격훈련만큼이나 피하고 싶은 심정이었음. 괜히 부동산 가격 올려놓은 정부에 대한 원망이 시작되고, 가양이 더 좋다는 합리화를 하기 시작하기에 이르렀음. 현실에 안주하고 싶은 마음이 굴뚝같았음.

가양과 장위 사이에서 고민하다가 자포자기하는 심정으로 부동산중개소에 들어갔다가 나의 고정관념을 깨주는 사장님을 만남.

부동산중개소에 자주 들러야 하는 이유

각양각색 부동산중개소 사장님들

부동산중개소를 여러 군데 다녀보면 아래처럼 분류됨.

① 그 지역 토박이라 단독 매물이 많은 곳
② 단독 매물은 없고 열심히 매물을 알아봐주는 곳
③ 본인이 해당 아파트 소유자 또는 조합원인 곳

해당 단지의 고급 정보(인터넷에 안 나오는 것)는
　③번 부동산중개소에 가서 죽치고 앉아 잘 모르는 척 이것저것
물어봐서 알아내고,

시세는 ②번 부동산중개소 가서 파악하고,

계약은 ①번 부동산중개소 가서 저렴하게 하면 완벽한 테크임.

그래서 부린이들은 부동산중개소를 많이 다녀야 함.

이런 방법도 좋음. 예를 들어, 가양 부동산중개소에 가서 등촌하고 가양을 고민하고 있다고 하면 등촌동의 단점을 아주 자세히 말해줄 것임. 반대로 등촌 부동산중개소에 가면 가양동의 단점 100가지는 알아볼 수 있음. 이제 필요한 것만 취사선택하면 됨.

어쨌든 내가 들어간 부동산중개소는 ①번 느낌이 많았음. 사장님께 래미안 퍼스트하이 매물 좀 있냐고 물어보니 굉장히 불친절하게 딱 한마디함.

"그거 사봤자 2억밖에 더 먹겠어요?"

부린이였던 나는 두 손을 모으고 공손한 자세로 재빠르게 태세를 전환했음.

'이 사람 고수다!'

재개발, 언제 들어가면 좋을까?

부동산중개소 사장님은 장위 재개발 4구역, 10구역 단독 매물을 1개씩 갖고 계셨음.

돌이켜보면 초심자의 행운이라고, 무식하고 용감하게 그 자리에서 바로 가계약금을 걸었다면 지금보다 수익률이 더 극대화됐겠지만, 나는 하락장이 올 경우를 대비해 리스크를 감당할 수 있는지 계산해보고 투자하는 보수적인 투자자임.

이해를 돕기 위해 먼저 재개발투자를 간단하게 설명하고자 함. 재개발은 낡은 빌라촌을 부수고 주변환경을 개선해 아파트를 짓는 것을 말함.

재개발의 사업단계는 정비구역 지정 → 조합 설립 → 건축심의 → 사업시행인가 → 관리처분 → 철거 → 분양 → 착공 → 준공 후 입주 정도로 설명할 수 있음. 총 사업기간은 10년 정도 걸리고, 각 단계가 진행될수록 사업의 리스크가 줄어들고 수익률이 낮아진다고 보면 됨.

해당 지역이 사람들에게 잘 알려지는 때는

"청약 경쟁률이 몇백 대 1을 돌파했습니다"라고 뉴스가 쏟아져 나오는 분양 시기와,

완공된 아파트의 웅장한 외관과 멋진 커뮤니티 사진들을 보고 일반인들이 투자하고 싶어하는 입주 시기임.

이때 가장 금액이 많이 오르고 물건 구하기가 어려움. 입주 시기에는 그나마 차익실현을 할 물건들이 나오기는 하지만 이 매물들이 소진되면 가격이 급상승하는 경향이 있음.

그래서 나 같은 보수적인 투자자는 주목받기 전인 재개발의 관리처분 단계부터 들어가고, 공격적인 투자자들은 조합 설립이나 건축심의 단계부터 들어감.

부린이들은 보통 재개발 사업의 마지막 단계이고 한창 주목받는 단계인 입주 시기에 들어가서 가장 비싼 가격에 아파트를 매수하거나, 어디 부동산중개소에서 "이제 곧 정비구역 지정되고 조합이 설립되면 사고 싶어도 못 사요" 하는 말에 현혹되어 재개발 사업단계의 극 초반부에 들어감.

재개발 사업의 극 초반부에 들어갈 경우 사업 추진이 지연되면서 자금이 완전 묶이는 경우가 종종 있고, 끙끙 앓다가 중간에 던

지고 나오는 경우가 많음. 2020년 현재 가로주택정비사업[◆] 시작할 즈음이 주의해야 할 시기임. 부동산중개소나 모르는 사람 말만 믿고 사업이 확정되지도 않은 가로주택정비사업장에 투자했다가 사기당할 수 있기 때문.

집을 처음 매수하려고 하는 부린이들은 구축 아파트도 어려운데 재개발이나 가로주택정비사업 얘기를 장황하게 써놓아서 복잡하다고 할 것 같음. 너무 어려운 분들은 54쪽의 재개발 핵심 용어부터 찬찬히 공부하는 게 좋겠음.

◆　가로주택정비사업 : 소규모 노후 주택을 정비하는 미니 정비사업

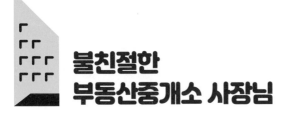

불친절한 부동산중개소 사장님

혼나면서 들은 재개발 강의

자포자기로 들어간 장위동의 한 부동산중개소 사장님은 아무 말 없이 A4용지를 이등분하더니 무언가를 적기 시작했음.

그러더니 알아서 보라는 식으로 내 앞에다 쓱 내밀면서 고개를 까딱하시는 것임.

'뭐 어쩌라고요?'
속으로 생각했음.

4구역
25평(평형 변경 불가)

권리가	2억
프리미엄	3.4억
이주비 대출	8천
이주비 대출 승계시 초투	4.6억
조합원 분양가	3.6억
최종 취득가	7억

10구역
25평(평형 변경 가능)

권리가	2억
프리미엄	3.4억
이주비 대출	1.4억
이주비 대출 승계시 초투	4억
조합원 분양가	3.26억
최종 취득가	6.66억

(2019년 9월 기준임)

나는 이때까지만 해도 재개발 물건을 사면 사기당한다는 말만 들어서 재개발은 굉장히 위험하다는 선입견을 갖고 있었음. 그리고 권리가액*이 뭔지, 초투가 뭔지 개뿔도 몰라서 사장님께 이것저것 물어봤음.

엄청 혼나면서 폭풍 잔소리를 들었음. 짜증나서 종이를 낚아채 나오고 싶었지만 부린이를 탈출해보고자 사장님 비위를 맞춰가며 굽신굽신거렸음. 물 한잔 못 얻어먹고 굉장히 힘들었음.

◆ 권리가액 : 조합원이 소유한 부동산의 권리를 주장할 수 있는 정도를 금액으로 나타낸 것. 감정평가 받은 주택의 가격에 사업성의 지표인 비례율을 곱한 가격임.

정리하자면, 계약서에 들어갈 재개발 입주권 매수가격은 권리가에 프리미엄을 더한 가격임. 이때 기존 매도자가 받아놓은 이주비 대출(권리가액의 40~60%)이란 걸 승계받으면 이 금액은 매도자에게 안 줘도 되니까 초투가 적게 들어감. 전세 끼고 갭투자로 집 살 때 전세보증금을 매도자에게 주지 않고 승계받아서 투자금을 줄이는 것과 비슷한 개념임.

매수가격 = 권리가 + 프리미엄
초투 = 권리가 + 프리미엄 - 이주비 대출

그런데 재개발 입주권의 경우 나중에 분담금을 추가로 내야 함. 여기서 분담금이란 조합원이 신축 아파트를 받기 위해서 내야 하는 조합원 분양가에서 현재 가지고 있는 주택의 가치인 권리가를 뺀 차액을 추가로 내는 것을 말함.

분담금 = 조합원 분양가 - 권리가

그러니까 분담금까지 포함된 금액이 내가 최종적으로 지불해야 하는 금액임. 쉽게 말해 조합원 분양가와 프리미엄을 합한 값이 최종 취득가액이 되는 것임.

재개발 입주권 최종 지불 가격

$$= \quad \text{매수가격} \quad + \quad \text{분담금}$$

권리가 + ~~프리미엄~~   ~~조합원 분양가~~ - 권리가

말은 안 했지만 사장님은 10구역 조합원인 듯 보였음. 나한테 무조건 10구역을 사야 된다고 열변을 토하셨음. 이 느낌은 마치 동대문 밀리오레 갔을 때 에스컬레이터 타고 올라가자마자 딱 나타난 첫 번째 옷가게 사장님이 "여기 다 둘러봐도 이 옷이 제일 싸고 좋으니까 무조건 사" 하는 느낌이랄까. 나는 다른 가게도 둘러보고 나서 사고 싶은데 호갱처럼 붙잡혀서 설득당하고 있었음.

돌이켜보면 이런 사장님은 부린이가 만나보면 좋은 유형이라고 생각함. '사면 괜찮을 거예요' 하고 두루뭉술하게 설득하지 않고 강력 추천을 하면 사기거나 확신이 있기 때문임. 다행히 이 사장님은 후자였음.

30분간의 폭풍 잔소리를 견딘 덕분에 조합원만 알 수 있는 나름 고급 정보 같은 것들을 들은 후 사장님께 90도로 인사드리고 부동산중개소를 나왔음.

스마트폰을 꺼내 네이버 지도에서 4구역, 10구역 위치를 찾아보고 다시 그쪽으로 걸어갔음.

장위 4구역, 10구역

4구역은 살짝 경사가 있었지만 대체로 평지에 가까웠고 돌곶이 역에서 굉장히 가까웠음. 펜스 사이로 살펴보니 철거가 많이 진행된 것처럼 보였음.

10구역은 아직 철거되지는 않았지만 출입금지 문구가 표시되어 있었음. 중간에 교회가 하나 있는데 사람이 바글바글했음. '바로 앞 건물은 재개발 때문에 공실인데 사람들이 왜 이렇게 많지? 여긴 재개발에 포함 안되나 보다' 생각하면서 지나갔음.

난 CBD로 출퇴근해야 하니 1호선인 석계역으로도 가봤는데, 이삭토스트를 먹으며 걸어보니 10분 정도 걸렸고 동네 분위기는 마찬가지로 어수선했음.

집으로 돌아오는 길에 곰곰이 생각해보았음. 나는 사장님 말과 반대로 4구역을 사고 싶어졌음. 왜냐하면 장위의 대장은 4구역이 될 게 뻔해 보였음.

브랜드도 자이면 투자로도 최고(부동산114에 따르면 아파트 브랜드 종합순위는 자이 > 힐스테이트 > 래미안 > 푸르지오)였음. 물론 공사는 다 하청업체를 쓰기 때문에 품질은 거기서 거기지만 브랜드 값이 주는 가치상승은 절대 무시할 수 없음. 게다가 대단지면 커뮤니티도 좋을 텐데, 지금 안 사놓으면 내 인생에 언제 이런 대단지 신축 아파트에 살아보나 싶었음.

장위 4구역 vs 장위 10구역, 선택은?

각 잡고 시작하는 재개발 공부

이제 집으로 돌아와서 불친절한 사장님이 준 종이에 적힌 내용을 엑셀에 옮겨 적고 2주 동안 정말 열심히 재개발을 공부했음. 공부할 때는 애듀캐스트의 분용산 재개발 강의를 주로 봤음. 이 강의가 가장 자세하고 좋았음.

재개발 공부를 하고 시세를 알아보니 부동산중개소 사장님이 갖고 있는 매물은 단독 매물이라 시세보다 2천만원 정도 저렴했음. 재개발 조합원 분들은 나이가 많은 분들이 많은 편인데, 원래 알고 있던 부동산중개소에 매물을 시세대로 내놓는 분들이 간혹 있음.

급상승장 때는 이런 매물이 시세보다 저렴한 경우가 종종 나타남.

유튜브 강의도 듣고 인터넷에서 자료도 찾아보고 부동산중개소에도 전화해본 결과, 나름대로 재개발단지에 대해서 파악할 수 있었음.

	장위 4구역	장위 10구역
특징	장위 대장	
교통	6호선 돌곶이역 역세권	6호선 돌곶이역 준역세권
	1호선 석계역 도보로 10분 이상	1호선 석계역 도보로 15분 이상
	CBD 35분	CBD 40분
투자금	조합원 분양가 25평 3.6억	조합원 분양가 25평 3.26억
	입주까지 추가분담금 납부 없음	입주까지 추가분담금 납부 없음
	이주비 대출 40%	이주비 대출 60% + 이사비 2천
	초투 4.6억	초투 4억
	취득세 4.4%	취득세 1.1%
사업성	멸실신고 및 철거 완료	이주 중
	일반분양 많음	일반분양 많음
	사업성 괜찮음	사업성 매우 좋음
	GS 자이	대우건설 푸르지오
기타	4년 뒤 입주	4년 뒤 입주 예상
	평형 변경 불가	평형 변경 가능
		교회 문제

예상되는 리스크는 크게 2가지였음.

1 | 분상제 적용 가능성

분상제는 분양가상한제의 줄임말임. 정부가 공동주택(여기서는 아파트) 일반분양가의 상한선을 그어놓으면 그 기준 이하의 가격으로만 분양을 할 수 있게 됨. 이렇게 되면 재개발 사업의 수익성이 떨어지기 때문에 조합원이 내야 하는 분담금이 올라갈 수 있음. 그래도 사업성이 좋은 편이니 큰 문제는 없을 것이라 판단했음.

2 | 전세 상승의 한계

뉴타운은 여러 재개발 사업을 모아 주거뿐만 아니라 도시기반시설을 확충해 진행하는 사업임. 여러 개의 재개발 정비구역이 동시에 사업을 추진하면 지역 자체의 전반적인 가치가 상승하고 시너지가 발생함. 따라서 단일 재개발 정비구역보다 뉴타운 안에 있는 정비구역의 매매가가 더 상승하는 경향이 있음.

그러나 입주시에는 전세 물량이 굉장히 많이 나오기 때문에 전세가가 쉽게 오르지 못하고, 안정화되는 데 시간이 오래 걸리는 단점이 있음.

장위 뉴타운

장위 뉴타운은 뉴타운 중에서도 규모가 큰 편이라서 전세가가 안정화되는 데 많은 시간이 필요하다 생각했음.

약 15,000세대의 뉴타운으로 이미 입주한 장위 1구역(래미안 장위 포레카운티), 장위 2구역(꿈의숲 코오롱하늘채), 장위 5구역(래미안 장위 퍼스트하이), 2020년 12월 입주 예정인 장위 7구역(꿈의숲 아이파크), 사업 초기 단계인 장위 3구역, 14구역, 관리처분인가를 앞둔 장위 6구역, 마지막으로 이주 및 철거 단계인 장위 4구역, 10구역으로 이루어져 있음. (이외에 재개발을 재추진하고 있는 사업장은 따로 언급하지 않음.)

장위 뉴타운

장위 뉴타운의 2, 3, 7구역은 동북선 호재가 있고 4, 10구역 쪽은 6호선에 가까운 역세권이고, 6구역은 1호선과 6호선을 갖춘 더블 역세권임.

이중에서 내가 관심이 있는 구역은 4, 10구역이었음. 관리처분 인가가 났기 때문. 내가 선호하는 투자 시점은 141쪽에서 자세히 설명하겠음.

신축이냐, 재개발 입주권이냐?

2년 후 예상 매매가 계산하기

그렇다면 신축 아파트인 래미안 장위 포레카운티, 퍼스트하이를 매수하는 게 돈을 많이 벌 수 있을까? 아니면 재개발 사업장인 장위 4, 10구역을 매수하는 게 더 이익이 될까? 이런 고민으로 계산을 시작했음.

먼저 신축인 래미안 장위 포레카운티, 퍼스트하이의 25평은 2021년에 매매가 9억, 전세가는 4억을 예상했음. 당시 대부분의 신축 아파트는 급지에 따라서 다르기는 하지만 1년에 1억 이상 오르고 있었기 때문임. 장위보다 상급지인 신길, 가재울 뉴타운의 전세가가 매매가의 50% 정도밖에 안되었기 때문에 4억 정도로 예상한 것임.

앞서 말했듯 초투는 '매매가 7억 - 전세가 3억 4천 + 부대비용 2천 = 3억 8천'으로 계산. 2년 후 매매가와 현재 매매가의 시세차익은 2억(9억 - 7억)이고, 전세기간이 짧은 매물이라면 중간에 전세보증금이 올라가면서 투자금이 회수될 수도 있다고 생각했음.

재개발인 장위 4구역, 10구역은 4년 뒤에 입주한다는 가정하에 계산해봤음. 4구역 예상 매매가는 래미안 장위 포레카운티, 퍼스트하이(이하 장위 래미안 형제)보다 역세권이고 4년 더 신축이니까 매매가 2억 정도 더 받아서 11억으로 예상했고, 10구역은 4구역보다 브랜드 값이 부족하고 역에서 더 머니까 5천 덜 받을 것이라 생각해서 10.5억으로 예상했음. 4구역, 10구역 전세는 장위 래미안 형제보다 5천만원 더 받아서 4.5억으로 예상했음.

재개발 입주권의 현재 최종 취득가는 '조합원 분양가 + 프리미엄 + 부대비용'으로 계산함. 부동산중개소 사장님께서 알려주신 초투에는 부대비용이 제외되어 있어, 취득세를 포함한 기타 비용을 부대비용으로 추가함.

표로 정리하면 다음과 같음.

	신축 (장위 래미안 엠제)	장위 4구역	장위 10구역
예상 매매가	9억	11억 신축 + 2억	10.5억 4구역 - 0.5억
예상 전세가	4억	4.5억	4.5억
최종 취득가	7.2억 매매가 7억 부대비용 + 0.2억	7.3억 조합원 분양가 3.6억 프리미엄 + 3.4억 부대비용 + 0.3억	6.76억 조합원 분양가 3.26억 프리미엄 + 3.4억 부대비용 + 0.1억
현재 전세가	3.4억		
초기 투자금	3.8억 매매가 7억 전세가 - 3.4억 부대비용 + 0.2억	4.9억 권리가액 2억 이주비 대출(40%) - 0.8억 프리미엄 + 3.4억 부대비용 + 0.3억	4.1억 권리가액 2억 이주비 대출(60%) - 1.2억 프리미엄 + 3.4억 부대비용 + 0.1억 이사비 지원 - 0.2억
시세차익	(2년 뒤) 2억	(4년 뒤) 3.7억	(4년 뒤) 3.74억
수익률	(2년 뒤) 52% 시세차익 2억 초기투자금 ÷ 3.8억 × 100	(4년 뒤) 75% 시세차익 3.7억 초기투자금 ÷ 4.9억 × 100	(4년 뒤) 91% 시세차익 3.74억 초기투자금 ÷ 4.1억 × 100

(2019년 9월 기준임)

투자금 대비 수익률 계산하기

대략 계산해보니 4구역, 10구역을 사면 신축인 장위 래미안 아파트를 사는 것보다 투자금이 최대 1억 정도 더 들지만, 수익은 1.5억 이상으로 벌 수 있겠다는 판단이 들었음.

나는 재개발 사업장을 볼 때 조합원 비율을 보고 1차 필터링함. 조합원 비율은 '조합원수 / (일반분양 세대수 + 조합원 분양수)'로 계산할 수 있는데, 조합원 비율이 낮다는 것은 일반분양 물량이 많아서 재개발의 사업성이 좋다는 뜻임.

특히 10구역은 조합원 비율이 34%로 매우 낮았고, 이에 따라 일반분양이 잘될 경우 비례율◆이 높아져서 분담금이 감소되거나 설계 특화가 가능할 것으로 예상할 수 있었음.

그리고 강남도 아니고 장위에서 이주비 대출이 60%에 이사비까지 나온다는 사실은 굉장히 충격적이었음. '일반분양 물량이 많으니 역시 사업성이 좋구나' 생각함.

◆　비례율 : 재개발 재건축 사업의 순이익 / 조합원들의 사업 전 자산×100. 비례율이 높아진다는 건 사업의 순이익이 좋아진다는 뜻이므로 추가 혜택을 기대할 수 있음.

나는 조합원이 아니라 정확한 확인은 불가능했지만 조합원 비율로 볼 때 분명 10구역에 반영된 비례율에는 비례율을 낮추기 위한 조치가 적용된 것이라 생각했음. 사업성이 좋아도 비례율을 100%에 가깝게 해야 세금 문제나 조합원 간의 갈등이 적어지기 때문임.

발코니 확장, 시스템에어컨 설치 등과 같은 옵션이 조합원한테 무상지원될 것이란 판단이 들었고, 조합원수가 적으니 무조건 고층을 배정받을 수 있겠다고 생각했음. 이 정도 가치를 환산하면 4구역 대비 + 5천만원 정도 이익이겠다는 예상이 가능했음.

'그러면 10구역은 4억 넣고 4년 뒤에 4.2억 정도 벌 수 있겠네.'

이렇게 계산하고 보니 10구역 수익률은 최대 102%(차익실현 4.2억/초투 4.1억)가 나와 4구역 수익률 75%, 장위 래미안 형제 수익률 52%보다 더 좋았음.

처음엔 별 생각 없이 4구역 조합원이 되고 싶었는데 꼼꼼히 따져보니 사업만 잘 진행된다면 10구역이 투자 관점에서 더 좋다는 생각이 들었고, 부동산 강사들이 왜 그렇게 장위를 추천했는지 이해하게 됨.

tip 부린이를 위한 재개발 압축 공부

재개발의 사업단계 ······························

정비구역
지정 → 조합
설립 → 건축
심의 → 사업시행
인가 → 관리
처분 ↓

입주 ← 준공 ← 착공 ← 분양 ← 철거

사업이 진행될수록 리스크는 줄어들고 수익률은 감소함. 크게 사업시행인가 전후를 기준으로 감정평가 유무에 따라 2단계로 재개발을 설명할 수 있음.

1. 감정평가 이전의 매물

아직 감정평가를 받지 못한 재개발 사업장이라면 내가 매수하려고 하는 주택의 가치에 대해서도 분석해야 함. 왜냐하면 아직 주택의 가치가 확정된 것이 아니기 때문에 주택이 1억 정도 감정평가를 받을 줄 알고 샀다가 9천만원이라는 감정평가를 받으면 바로 1천만원 손해가 나기 때문임. 그러니까 매수하려고 하는 주택이 실제로 감정평가를 잘 받을 수 있을지 분석해야 함.

그런데 이 부분은 상당히 어렵고, 인접 단지의 매물 분석에 많은 시간이 소모됨. 또 재개발 초기 단계이므로 아직 확정된 정보가 부족해 재개발의 사업성 분석도 쉽지 않음. 즉, 여기는 고수의 영역이므로, 초보자라면 적어도 사업시행인가를 획득한 재개발 사업장에 투자하는 게 좋겠음. 초기 사업장에 투자하려고 하는 투자자라면 《붇옹산의 재개발투자 스터디》 책을 추천함.

일반적인 매수금액은 '공동주택 공시가격 × 1.3 + 프리미엄'으로 계산함. 예상 조합원 분양가, 비례율, 분담금은 사업이 많이 진행된 인근 재개발 사업장의 정보를 바탕으로 추산하는 경우가 많음.

2. 감정평가 이후의 매물

감정평가를 받았다면 주택의 가치가 확정된 것이므로 이제는 재개발 사업장의 사업성만 분석하면 됨. 확정된 정보가 많아져서 사업성 분석도 용이함. 대신 그만큼 프리미엄이 붙어서 감정평가를 받기 전인 재개발 사업장보다 초투가 많이 들어갈 것임.

사업단계 선정 후 매수하기

예를 들어 초투 7억이 있으면 나는 재개발 사업 막바지인, 철거가 완료된 장위 4구역을 살 수 있음. 같은 7억으로 더 좋은 입지인 노량진 뉴타운 4구역의 매물을 사려면 사업시행인가 단계에 들어가야 함. 그보다 더 상급지인 한남 뉴타운 3구역은 조합설립인가 단계임에도 불구하고 초투가 11억이라 범접할 수 없음.

1. 입지, 재개발투자 시점 결정

본인 투자금이 정해졌다면 어떤 입지, 어떤 사업단계에 있는 사업장에 들어갈 수 있는지 3개 정도 추려내면 됨. 나는 주로 '까르의 서울 재개발 분석' 블로그를 참조함.

2. 사업성 분석

재개발의 사업성을 분석하기 위해서는 굉장히 많은 것들을 봐야 하지만 대표적인 지표 3가지만 언급하겠음.

1) 비례율 : 총 사업이익 / 총 종전평가액 × 100

재개발로 벌어들일 예상 수익에서 사업비, 공사비 등을 지출하고 남은 금액을 총 사업이익이라고 함. 비례율은 총 사업이익을 사업 전에 감정평가받은 조합원 소유의 부동산 가치의 합(여기서는 주택평가액들의 합)으로 나눈 값.

비례율이 100%보다 높으면 사업성이 좋은 것, 100%보다 낮으면 안 좋은 것이라고 보지만, 비례율은 언제든지 바뀔 수 있음. 비례율을 높게 산정하면 감정평가 금액이 낮은 조합원들과 감정평가 금액이 높은 조합원들 간에 갈등이 생길 수 있기 때문에 초기 비례율을 100%로 맞추려는 사업장이 많음. 그러므로 지금은 비례율이 낮지만 추후에 높아져서 환급받을 수 있는 사업장을 고르는 것이 핵심임.

① 일반분양 세대수가 늘어날 수 있는지, ② 일반분양가가 높아질 수 있는지 이 2가지가 가장 중요한 요소임. 일반분양 세대수는 사업시행인가 변경을 추진하고 있는지 확인하면 됨. 그리고 비례율 산정했을 때의 일반분양가와 분양시 예상 분양가를 비교해서 차이가 크다면 비례율이 높아질 수 있는 좋은 사업장임. 2020년에 분양할 인천의 분양단지들은 비례율 산정시 일반분양가와 실제 일반분양가의 차이가 많이 나기 때문에 추후에 비례율이 높아질 수 있는 사업장이 많음.

2) 용적률 : 건물의 각 층별 바닥 넓이의 합 / 토지면적 × 100

건물을 높게 지을 수 있다는 걸 보여주는 지표. 조합원수가 동일한 사업장일 경우 용적률 250% 사업장보다 용적률 300% 사업장의 일반분양 물량이 많음. 일반분양 물량이 많다는 건 사업성이 좋다는 의미이므로 용적률을 몇 %로 적용할 지역인지 알아봐야 함.

3) 조합원 비율 : 조합원수 / (조합원수 + 일반분양 세대수)

분양 물량에서 조합원이 차지하는 정도를 볼 수 있음. 조합원 비율이 낮다는 건 조합원수가 적다는 의미이므로, 이해관계자 간의 갈등이 적을 수 있고 이주도 빠른 편임. 또한 조합원수에 비해 일반분양 세대수가 많아서 사업성이 좋다는 의미임. 서울의 경우 50%만 되어도 사업성이 좋은 편에 속함.

3. 매물 찾기

괜찮은 재개발 사업장을 찾았다면, 이제는 매물을 찾아나설 때임. 네이버부동산에서 매물 유형을 아파트가 아닌 재개발로 설정하고 해당 재개발 사업장 지역을 검색하거나 네이버 블로그에 해당 재개발 사업장 매물을 검색함. 예를 들어 '장위 4구역 매물'이라고 검색하면 인근 부동산중개소에서 올려놓은 매물이 나옴. 해당 부동산중개소에 전화해서 물어보면 자세히 알려줌. 재개발은 공유가 안되는 매물들이 꽤 있어서 부동산중개소 세 군데 정도에 전화해보면 좋음.

4. 임장

임장은 아직 사업단계가 많이 남은 재개발 사업장이라면 전세가 잘 나갈지, 감정평가는 잘 받을 수 있을지 보기 위함이고, 사업단계가 많이 진행된 단지라면 부동산중개소에 가서 재개발 사업장에 대한 정보를 얻고 분위기를 파악하러 가는 것이 목적임.

5. 매수

마음에 드는 매물이 있다면 계약서를 쓰면 됨. 여기서 가장 중요한 것은 매도자가 조합원 자격 상실 등의 문제가 생길 경우를 대비해, 조합원 자격에서 발생하는 문제를 매도인이 직접 책임지거나, 문제 발생시 계약을 무효로 하는 항목을 추가하는 것임. 조합사무실에 전화해서 매도자가 해당 사업장의 조합원 자격을 갖고 있는지 문의하는 것도 좋음. 사업이 많이 진행된 사업장이라면 다음 내용을 특약으로 추가할 것.

① 건물이 비어 있는 공가라면 공가 확인됐다고 기입
② 배정된 평형, 감정평가액, 비례율, 권리가액을 기입 (추첨이 끝났다면 동호수까지 포함)
③ 이주비 대출한 경우 해당 금액 기입
④ 관리처분내역서, 동호수추첨서, 등기사항전부증명서를 계약서 뒤에 첨부

6. 잔금 외

잔금을 치르고 등기가 나오면 매수자, 매도자 간에 이주비 대출을 승계하면 됨. 매수자는 조합사무실을 방문해 조합원 승계를 하고, 은행과 법무법인을 방문해 이주비 대출 승계를 완료하면 끝.

100만 붇카페 BEST 등극!
"나도 흑석/장위로 학교 다녔는데…."

작성자 ID : 청무피사   좋아요 ♥ 313

궁정모드중
그래서 장위 어찌되었나요!!!!?? 목 빠질라 합니다!

붐붐
흑석동 학교 다녔던 사람으로서 동질감이 드네요.
학교 다닐 때 투자할 생각을 왜 못했을까요ㅎㅎ

> **DUNGGI100**
> 전 장위동….
> 제 눈도 쓰레기였네요ㅠㅠ

고양이나비
갈아타는 건 맞는데 귀찮다는 말,
백퍼 공감!

kepco
저도 래미안 퍼스트하이 2019년 초에 놓쳤습니다.
매도자가 갑자기 3천 올리는 바람에 아쉽게 놓쳤죠ㅎㅎ
그래도 내 꺼 될 물건은 꼭 있더라구요.
부린이들, 포기하지 마세요!

6
부

청무피사의
부린이 탈출기

상급지 아파트로 갈아타기

1 강남 vs 인서울 신축

2 이제는 잡을
수도 없는 강남

3 차선이 최선
인서울 신축을 잡는 데 성공한 부린이

4 P가 올라간다
쭉~ 쭉쭉쭉!

서울 초투 5억, 가성비 맛집 장위!

하나를 얻으려면 하나를 버려야…
어떻게 집을 팔아야 하나?

장위가 탐이 났지만 사실 나에게는 목돈이 문제였음. 가양 6단지를 팔지 않는 이상 장위에 투자할 4억이 없었음. 가양 6단지와 장위를 같이 가져가기 위해 1시간 동안 필요비용을 계산하고 자금을 조달할 방법을 찾아봤지만 딱히 답이 없었음.

별수없이 가양 6단지를 팔아야 되나 하는 생각에 가양 6단지 주변 부동산중개소들에 매수자인 척 전화를 했음. 부동산중개소 사장님들에게는 죄송하지만 나도 먹고살려면 어쩔 수 없었음.

"가양 6단지 전세 끼고 매수하려고 하는데요. 추천해주실 만한 물건 몇 개 있나요?"

부동산중개소에서 보여줄 만한 물건은 3개가 있고, 시세보다 조금 높은 매물은 5개 정도 더 있다고 했음.

상승장엔 선매수 후매도? 말은 쉽지!

음, 생각보다 매물이 많이 남아 있네?

역시 6억 돌파가 쉽지는 않았음! 그렇다고 급매로 내놓고 싶지는 않아서 이래저래 고민했음. 왜냐면 당시 서울의 신축 아파트 갭이 5억 이상으로 벌어지고 있었는데 이렇게 되면 나 같은 소자본 부린이들은 추격매수가 불가능해짐.

그렇게 되면 결국 신축은 포기하고 구축을 사서 인테리어하는 방향으로 투자처를 선회할 텐데 그러면 내가 갖고 있는 가양 6단지도 오를 수밖에 없음. 그리고 서쪽 대장 마곡의 후광을 입고 천천히, 그러나 꾸준히 오를 것이라 생각했음.

일전에 부동산이 상승장일 때는 '선매수 후매도'를 해야 한다는 고수의 조언을 들었는데…. 이게 말이 쉽지, 내 돈은 개뿔도 없는데 장위에 덜컥 가계약금을 걸어놨다가 가양 아파트가 안 팔리면 그 후폭풍을 감당할 자신이 없었음.

부모님이 여유가 있으면 돈 좀 빌려달라고 무릎이라도 꿇어볼 텐데, 이제 일산에 있는 부모님 집보다 내가 산 가양 집이 더 비싸졌음.

내 마음은 보수와 진보 사이에서 우왕좌왕하다가 결국 보수가 승리해서, 먼저 가양 아파트를 시세대로 내놓고 빨리 팔리기를 기다렸음.

그런데…
딱 이 시기에
국토부 장관님이 뉴스에 나와 한마디하시는 거임.

"집값 상승을 잡기 위해서 분양가상한제 적용을 검토하겠다."

하필 지금!
아, 분상제! 분상제!

분상제로 재개발 재건축 사업성 악화,
그래도 사그라들지 않는 인기!

사실 부동산 전문가들의 인터뷰나 언론을 통해 분상제 얘기가 흘러나오고 있긴 했지만, 하필 내가 구축에서 신축 아파트를 받을 수 있는 재개발로 갈아타려고 하는 그 타이밍에 나올 줄은 몰랐음.

이렇게 되면 분상제를 피하고 리스크가 없어진 신축의 가격은 날개를 달고 하늘로 승천함. 반면에 분양 직전의 재개발, 재건축은 사업성 악화로 투자처로서 인기가 주춤해지는 게 상식임.

그러나 공급 부족이라는 희소성이 수익성 악화라는 악재를 짓밟아버리고 재개발 사업장까지 투자의 불을 지펴놔버렸음.

이 시기에 회사일이 너무 바빠서 가끔가다 장위 시세를 보는 참이었는데, 장위 래미안 형제의 25평 매매가가 7.5억을 돌파하려는 중이었고, 이에 뒤처질세라 재개발단지인 장위 4구역, 10구역의 프리미엄도 3.8억으로 올라가고 있었음.

이러다가는 장위를 놓치겠다 싶어서 다음날 저녁에 바로 장위 부동산중개소에 가서 매물을 봤는데 이미 프리미엄이 4억까지 오른 매물만 몇 개 남아 있었음. 전보다 6천이나 오르긴 했지만 수익성이 보장되는 곳이니까 개의치는 않았음.

노무현 전 대통령 시절 분상제 도입 후 집값이 폭락했다는 말처럼, 차라리 집값이 폭락해서 장위를 잡을 수 있으면 좋겠다고 생각했지만 현실은 그 반대였음.

중대 결심!
가양 6단지 매도

가계약금 받은 즉시 장위로 고고!

10월 말쯤에 거의 시세대로 가양 6단지 매도 계약을 체결하고, 가계약금을 받자마자 장위로 날아갔음. 가지고 있던 현금에다 가양 6단지를 매도하고 받은 가계약금을 합해서 장위 계약금을 위한 총알 준비를 마쳤음. 이제 총을 발사하기만 하면 분상제라는 바람을 등에 엎고 훨훨 날아갈 타이밍이었음. 그래, 나도 조합원님 한 번 되어봐야지!

돌곶이역으로 가서 본격적으로 매물을 찾기 시작했음. 이제 더 이상 부동산중개소에 가서 죽치고 있을 이유도, 공부할 여유도 없었기 때문에 부동산중개소에 들어가자마자 이렇게 외쳤음.

"초투 5억이고 프리미엄 4.3억선인 10구역 매물 있나요?"

없다고 하면 바로 나와서 옆 부동산중개소로 갔음. 프리미엄이 4.3억인 매물이 하나 있었는데 권리가액이 커서 내 예산인 5억을 초과했음. (권리가액이 높을수록 초투가 많이 들어가서 프리미엄이 시세보다 조금 저렴한 편. 물론 나중에 들어갈 추가분담금 금액은 상대적으로 적어짐.)

분상제 기습공격에 매물 실종, 내가 집주인이라면 이 가격에 내놓을까?

장위에 있는 모든 부동산중개소를 다 돌아다녔는데 매물이 없었음. 프리미엄 4.2억인 매물이 하나 있었는데 사겠다고 하니까 집주인이 가격을 조정하겠다는 것도 아니고 아예 매물을 거뒀음.

알고 보니까 바로 그 전날 분상제 1차 지정 지역이 발표됐는데 장위가 거기서 제외된 것이었음. 내가 회사일에 너무 바빠서 부동산 뉴스를 못 보고 있을 때 국토부 장관님이 또 한 번 기습공격을 감행하신 것이었음. 그 기습공격의 여파는 실로 대단해서 5개 정도 나와 있던 장위 4구역, 10구역 매물을 전부 다 시장에서 사라지게 만들었음.

그러다 어느 부동산중개소에 들어갔는데, 장위동에 오래 사신 듯 보이는 사장님이 계셨음. 사장님이 나한테 속삭이듯 한마디하셨음.

"장위동이 분상제 지정 지역에서 제외되면서 조합원끼리 프리미엄 4.5억 이하에는 되도록 팔지 말자는 얘기가 있었어요. 좀만 기다려보세요. 내가 아는 지인 중에 팔려고 하는 사람이 있는지 알아볼게요."

정부에서는 이런 모종의 담합을 처벌하겠다고 했음. 담합이 사실인지 여부는 잘 모르겠음. 내가 이런 행동을 옹호하는 건 아니지만 비난할 이유도 없다고 생각함.

왜냐하면 부동산은 다주택자가 아닌 이상 소유자에게 거의 전 재산이나 다름없고, 그렇기 때문에 그 가치를 최대한 인정받아서 팔고 싶은 마음이 드는 건 자연스러운 것임. 그리고 이런 담합은 상승장에서는 비교적 끈끈해 보이지만, 하락장으로 돌아서는 기미가 조금이라도 보이면 바로 와해되기 때문에 정부가 처벌하는 수고 없이 하락장을 만들어주면 해결됨.

부동산중개소를 나오면서 곰곰이 생각해봤음. 만약 내가 집주인이라면 지금 이 시기에 프리미엄 4.5억 이하로 집을 팔 것인가?

답은 "NO!"

매물도 없는데 더 이상 장위동에 있을 이유가 없었음. 부동산중개소 사장님들께 매물 나오면 연락 달라고 하고 석계역 이삭토스트로 발걸음을 돌렸음. 좀더 생각할 시간이 필요했음.

한계? 그렇다면 차선!

이삭토스트에 비친 나의 현실

이삭토스트도 프리미엄 토스트로 변모하고 있었음. 예전에는 햄치즈토스트가 가장 비싼 제품이었던 것 같은데 이젠 4,300원짜리 더블치즈돈까스토스트까지 팔고 있었음. 새로운 걸 먹어보고 싶었지만 너무 비싸서 더블치즈돈까스토스트를 먹을 수는 없었고, 중간 가격인 햄스페셜토스트를 주문했음.

강남 신축 아파트를 사지 못하고 중간 단계인 장위 신축 아파트를 사러 온 나의 경제적 한계가 토스트 선택지에서도 나타났음.

'토스트도 신제품이 나오면 누구나 한번쯤 먹어보고 싶기 마련인데, 하루 일과 중 가장 많은 시간을 보내는 집이 신축 아파트라면 얼마나 좋을까.'

돈이 없을수록 슬퍼지는 건 어쩔 수 없었고, 한계를 인지하고 차선을 선택하는 건 내가 살아온 발자취를 보여주는 것만 같아 더욱 슬펐음.

재개발투자 판단의 기준, 관리처분인가 여부!

그러나 낙심하고 있을 수만은 없었음! 토스트를 먹고 장위 6구역 부동산중개소에 들어감.

"6구역 프리미엄 얼마죠?"
"4.1억입니다."
바로 나왔음.

재개발을 공부하면서 관리처분인가 이후 단계에 있는 여러 지역을 공부했는데 그때 느낀 공통점이 하나 있음.

뉴타운 재개발지역의 선두주자가 분양 또는 입주할 때 그 지역이 홍보되면서 발생하는 이른바 후광효과가 근처 사업단계가 늦는 재개발단지에 반영된다는 것.

사람들은 입주 중인 래미안 장위 포레카운티와 퍼스트하이, 그리고 분양 예정인 장위 4구역을 통해 장위동을 알게 되고, 그 후광효과가 이후에 입주할 장위 6구역, 14구역에도 적용되는 것임.

그 당시 4구역, 10구역은 입주까지 4년 남았음. 6구역은 여기에 3년을 더해 7년 뒤 입주였음. 게다가 아직 관리처분인가도 나지 않았음. 그런데 프리미엄이 4.1억?

물론 더블역세권이라는 말로 시세를 설득할 수도 있겠지만 냉정하게 볼 때 사업단계가 3년이 늦는 6구역의 프리미엄은 4구역, 10구역 프리미엄보다 1억이 적어야 하는 것이 맞음. 재개발은 사업성이나 입지도 중요하지만 속도가 가장 중요하기 때문임.

6구역은 4구역보다 조합원 분양가가 더 비싸서 총 취득액이 더 비싸지만 더블역세권이라서 나중에 매매가가 더 높을 수 있다는 건 사실임. 그러나 속도가 생명인 재개발 사업장에서 3년이나 차이가 나는데 프리미엄 4천만원 차이는 이해할 수 없었음.

그럼 왜 프리미엄이 4.1억이 되었을까?

답은 간단함. 매물이 워낙 부족한데다 나처럼 자금이 부족한 투자자들이 4구역, 10구역에 들어갈 수 없어서 대체 투자처로 6구역, 14구역에 들어간다는 얘기임.

많은 인내심을 가지고 수익을 더 챙겨보려는 투자자는 관리처분인가 전 단계인 장위 6구역 같은 단지에 투자하겠지만, 성격 급한 나와는 맞지 않는 매물이었음. 게다가 나는 4년 뒤에 실거주할 수 있는 재개발 매물을 찾고 있었음.

자꾸만 올라가는 프리미엄
"오늘 계약하실래요?"

복잡한 마음으로 집으로 돌아왔음. 다행히 다음날 부동산 한 군데에서 연락이 옴.

"10구역 프리미엄 4.2억에 권리가 저렴한 물건 오늘 나왔는데 계약하실래요?"
"네, 당장 할 테니 계좌번호 주세요."

반신반의하면서 기다렸는데, 잠시 후에 다시 연락이 왔음.

"매도자님이 프리미엄 4.5억 하면 계좌번호 알려줄 수도 있다는데, 계약하실래요? 이거 단독 매물인데 다른 부동산중개소에서 4.5억에 하겠다고 해서, 손님 안 할 거면 다른 부동산중개소에 줘야 돼요."

순간 내가 무슨 경매장에 와 있나 하는 착각이 들었음.

내 예산은 프리미엄 4.5억까지였음. 영끌해도 그 이상은 자금 부족이었음. 그런데 내가 4.5억을 불러도 계약이 성사될지 안될지도 모르는 판에 4.5억을 부르면 괜히 시세만 띄워서 다른 투자자들에게 피해를 줄 것 같았음.

"아뇨, 그 금액에는 하지 않을게요. 4.3억선 나오면 연락 주세요."

나는 4.3억선으로는 당분간 매물이 나오지 않을 것을 직감했지만, 일단 그렇게 말했음. 운이 좋으면 급매가 나올 수도 있으나 그건 어디까지나 운이고, 인연이 되면 잡을 것이고 인연이 안되면 못 잡는 것이라는 생각이었음.

플랜 B를 꺼내야 할 때

나는 이렇게 운에 의존해야만 하는 리스크를 지극히 싫어함. 그래서 사실 프리미엄이 4억으로 급상승할 때부터 장위가 예산을 벗어나 사지 못할 수도 있겠다고 생각하고 플랜 B를 준비해두었음. 이제 그 플랜 B를 실행할 때가 온 것이다!

님은 갔습니다. 아아, 사랑하는 나의 님은 갔습니다.

푸른 산빛을 깨치고 단풍나무 숲을 향하여 난 작은 길을 걸어서 차마 떨치고 갔습니다.

황금의 꽃같이 굳고 빛나던 옛 맹세는 차디찬 티끌이 되어서 한숨의 **분상제**에 날려갔습니다.

아아, 님은 갔지마는 나는 님을 보내지 아니하였습니다.

제 곡조를 못 이기는 사랑의 노래는 **장위**를 휩싸고 돕니다.

| 한용운 선생님의 〈님의 침묵〉 각색 |

리스크 줄이는 재개발투자 시점

수익 기대하던 재개발 구역에 발이 묶이는 이유

최근에 분양하는 재개발 사업장의 기록을 보면 대부분 2000년대 중반 이후에 조합을 설립해 재개발 사업을 추진하다가 중단되고, 2015년 이후 다시 사업을 재개해서 이제야 분양을 하는 사업장이 많음.

집값이 한창 상승할 때 재개발을 추진했다가, 2000년대 후반에 금융위기와 부동산 하락기가 오면서 지지부진해진 것. 사업 초중기의 재개발 사업장은 가뜩이나 이해관계가 복잡해 갈등이 많은 상황이라 하락장이 조금만 와도 사업이 쉽게 보류됨. 그런 이유로 멈춰 있던 사업이 2015년 이후 다시 상승장이 오면서 재개된 것임.

투자자는 신축 아파트를 받을 줄 알고 낡은 빌라 샀다가, 낡은 빌라를 계속 가지고 있게 된 것임. 빌라가 아닌 아파트를 샀을 경우에는 본인이 실거주하거나, 전세를 잘 맞춰 놓으면 하락장을 버텨낼 수 있는 여력이 있음. 그런데 이렇게 사업이 중지된 재개발 빌라를 사놓으면 전세도 잘 안 나가고 유지보수비용에 대출이자만 왕창 깨질 것임. 황금알을 낳는 거위인 줄 알고 샀는데 똥만 잔뜩 싸는 거위를 산 꼴이 되는 것임.

나는 개인적으로 5년 안에 큰 하락장이 한 번 올 것이라 생각하는데, 그렇게 되면 지금 건축심의 단계나 일부 사업시행인가 단계에 있는 재개발단지들은 신축으로 환생하지 못하고 낡은 빌라에 머물 것임. 나는 이런 리스크를 싫어하기 때문에 재개발 관리처분인가 이후의 단지에만 투자함.

관리처분인가 받은 구역을 추천

관리처분인가가 나면 그다음부터는 이주를 시작하는데, 이주를 시작하면 막대한 금융비용이 발생하기 때문에 조합은 무조건 최대한 빨리 앞으로 달려야 함. 손해가 나도 무조건 달려야 함. 일부 손해가 나더라도 일단 사업이 추진되어 신축 아파트를 갖는 것이 사업이 중지되어 낡은 빌라 5년 가지고 있는 것보다 훨씬 가치가 있기 때문임. 따라서 사업이 중단될 일이 거의 없다는 것.

관리처분인가 이후에도 일반분양을 하려면 2년 정도의 시간이 필요함. 이때는 미분양이 가장 큰 리스크임. 하지만 서울은 시세의 60%선에서 분양가가 책정되기 때문에 2년 안에 20% 수준의 큰 하락이 온다 하더라도 이득이라고 생각하는 수요자들이 많음. 따라서 미분양 가능성이 낮음.

수도권은 일반분양가를 시세의 100% 이상으로 분양하는 단지들이 많기 때문에 하락장이 오면 금방 미분양이 날 수 있다 생각함. 그래서 수도권의 재개발 입주권은 이주가 거의 완료되어 1년 안에 분양할 단지 위주로 투자를 고려하고 있음.

그리고 관리처분인가가 난 서울 재개발 사업장들은 대부분 사업시행인가 접수가 2018년 1월 24일 이전이라서 조합원 입주권 양도가 자유로움. 즉 사고 싶을 때 사고, 팔고 싶을 때 팔 수 있다는 것임. (참고로, 투기과열지구 내에서는 2018년 1월 25일 이후에 사업시행인가를 접수한 사업장에 대해서는 관리처분인가 이후에 조합원 지위 양도를 금지하고 있음.)

나는 보수적인 투자자니까 이런 기준을 갖는 것이고, 하이 리스크 하이 리턴을 좋아하는 투자자라면 본인 성향에 맞는 재개발 사업장을 선정해 투자하면 됨.

어디를 선택할 것인가?

무리해서 급행열차를 갈아탈 수밖에!

내가 매도한 가양동 부동산중개소에서 실거래가 신고를 꽤나 빨리 했음. 가양 카카오 채팅방에서 가양 6단지의 국토부 실거래가를 공유했고, 약간 난리가 났음.

왜 이런 가격에 아파트를 매도하는지 이해할 수 없다며, 시세도 모르는 바보 같은 집주인들 때문에 집값이 오르지 않는다고 짜증을 내는 것 같았음. 약간 뜨끔했지만 나는 그 누구보다 가양 6단지의 시세를 정확히 알고 있었음.

다만 비유하자면 9호선 급행열차의 문이 닫히기 직전이라 9호선 일반열차에서 급행열차로 갈아타기 위해 사람들을 밀치면서 서둘러 내렸을 뿐. 물론 사람들과 부딪치면서 양도소득세가 발생해서 아팠음.

가양과 재개발 열차는 둘 다 나의 목적지까지 갈 것이 확실했음. 누가 더 빠르고 느린지의 차이임. 그래서 난 무리해서 더 빠른 급행열차를 탔음.

지상철에 차량기지까지! 어떻게 여기서… 난 못 살아!

장위가 안될 경우 나의 플랜 B는 이문, 휘경 뉴타운이었음. 장위 뉴타운을 공부하면서 이문, 휘경 뉴타운을 처음 알았음. 그래서 여기는 어떠냐고 와이프한테 물었더니 1호선 지상철에 신이문역 차량기지가 있다면서 이런 곳은 사는 데가 아니라고 혼났음.

그래도 난 몰래 알아보고 있었음. 교통만 보더라도 CBD까지 25분밖에 안 걸리고, 청량리역에서 분당선을 타면 GBD까지 40분 내에 갈 수 있고, 무엇보다 종점이라 앉아 갈 수도 있을 것 같았음.

서울에 뉴타운 사업장은 많지만 관리처분인가가 난 사업장 중에서 내가 가진 돈으로 살 수 있는 사업장은 장위랑 이문 뉴타운밖에 없었음. 그래서 더 절실하게 장위와 이문에 매달릴 수밖에 없었음.

놓쳐서는 안된다는 절박감에 사로잡혀 본격적으로 이문 뉴타운을 조사하기 시작했음. 가양으로 갭투자를 한 번 해봤고 장위로 재개발을 공부한 터라 이제는 슬슬 자신감이 붙고 어떤 정보를 조사해야 할지 머릿속에 그려지기 시작했음.

이문 뉴타운 중에서 아직 입주를 안 한 곳은 이문 1, 3, 4구역, 휘경 3구역이었음. 더 많이 진행된 곳으로는 한창 입주 중인 휘경 SK뷰, 2020년 입주 예정인 신축 휘경 해모로가 있었음. 시세의 지지선을 만들어줄 구축으로는 이문 e편한세상과 이문 래미안 1, 2차가 주변에 있었음.

그러나 확실히 신축인 장위 래미안 형제가 원투펀치로 치고 나가주는 홍보효과에 비해서 휘경 SK뷰와 이문 구축들은 힘이 부족했음.

네이버 블로그 게시글 수를 봐도 장위가 더 많았고, 시세 상승폭도 장위가 이문보다 앞섰음. 휘경 해모로의 세대수도 300세대밖에 안되어 내년에 입주를 하더라도 홍보효과가 크진 않을 것 같았음.

하지만 난 이런 이유 때문에 이문이 가진 가치에 비해 대중에 덜 알려졌다고 생각했음. 어쩌면 이문은 대중에게 인기가 덜해서 분상제에 걸리지 않을 수도 있지 않을까 하는 생각도 들었음.

이문 1, 3, 4구역, 휘경 3구역

투자성은 장위, 입지는 이문

강북 최대 호재를 꼽자면 개발이 아직 확정되지 않은 용산을 제외하고는 단연 청량리일 것임. 강서에 일자리로 전세 수요를 뒷받침해주는 마곡이 있다면, 강북에는 교통으로 전세 수요를 뒷받침해주는 청량리가 있음.

이문은 교통 호재가 많은 청량리의 직접적인 수혜주는 아니지만 큰 호재가 인근에 있으면 장기적으로 좋을 수밖에 없음.

장위가 좋냐 이문이 좋냐 싸우는 사람들이 있는데, 사실 입지 자체는 이문이 더 좋음. 물론 강남 거주자 입장에서 봤을 때는 도긴 개긴이라고 생각하겠지만. 대신 장위는 입주까지 추가분담금이 들어가지 않고 추진 속도가 더 빠르기 때문에 이문보다 투자성이 더 좋은 것임. 참고로, 추가분담금 유무는 조합에 문의하면 알려줌. 둘이 아무리 잘났다고 싸워봤자 신길 뉴타운의 동생이므로, 이제는 둘이 손잡고 길음 뉴타운이랑 쌈박질하러 가야 함.

(신길 뉴타운은 2020년 기준 뉴타운 완성 단계이고 입지가 한강 이남권이기 때문에 장위, 이문보다 상급지임. 길음은 상급지라고 보기는 어려우나 뉴타운의 완성 단계로 사업 속도가 빠르기 때문에 강북에서 장위, 이문보다 우위에 있는 뉴타운으로 인정받고 있음.)

플랜 B를 가동시키기 위해서 이문, 휘경 뉴타운을 알아보기 시작했음. 휘경 3구역은 괜찮아 보였지만 당시(2019년 9월)에는 관리처분인가가 나지도 않아서 제외했고, 이문 4구역도 실입주를 고려하기에는 사업이 너무 초기 단계라서 관심을 두지 않았음.

이문 1구역, 3구역의 장단점을 찾았음.

일단 1호선을 통한 CBD 출퇴근이 20분 내외였음. 3천 세대 이상의 대단지에 인근에 대형 의료원과 대학교가 많이 있어서 전월세 수요가 있고, 사업시행계획변경인가로 용적률이 상향되어 비례율이 상승할 가능성이 있었음. 홍릉 바이오산업단지와 동부간선도로 지하화 호재도 있지만 이건 단기간에 집값에 큰 영향을 주지는 않는다고 생각했음.

하지만 이문 역시 분양가상한제에 걸릴 가능성이 있었고, 1구역은 다른 재개발 정비구역 대비해서 사업성이 좀 떨어졌음.

다음과 같이 표로 정리했음.

	이문 1구역	이문 3구역
특징	3,000세대 이상	4,000세대 이상
	청량리 수혜주	청량리 수혜주
	홍릉 바이오산업단지	홍릉 바이오산업단지
교통	1호선 외대앞역 역세권	1호선 외대앞역 초역세권
	동부간선도로 지하화	동부간선도로 지하화
	외대, 한예종 옆	외대 인근
투자금	비례율 97.2%	권리가액이 커서 초투가 큼
	이주비 대출 40%	이주비 대출 40%
사업성	조합원 비율 64%	조합원 비율 50%
	사업성 부족한 편	사업성 괜찮음
	삼성물산 래미안	GS 자이 + 현대 아이파크 (고층)
기타	2020년 분양	2020년 분양
	평형 변경 희박	평형 변경 가능
	언덕 포함	지상철 근처
		컨소시엄◆

◆ 컨소시엄(Consortium) : 시공하는 건설사가 2개 이상인 아파트를 가리킴. 공사비 증가, 공사기간 연장, 하자보수 책임 분산 등의 이유로 단독 시공보다 선호되지 않는 편임.

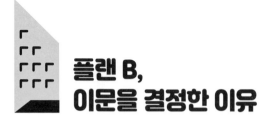

플랜 B, 이문을 결정한 이유

관리처분인가 물건, 실입주, 투자금 모두 적합!

제일 먼저 이문 3구역을 매수할 계획을 세움. 그런데 이문 3구역은 대부분 권리가액이 커서 초투가 6억 이하인 매물도 없었음.

어쩔 수 없이 이문 1구역으로 선회하기로 함. 부동산중개소에 전화해서 이문 1구역의 프리미엄을 확인했음. 3억 중반으로, 당시 장위의 프리미엄과 약 1억 차이가 났음.

'왜 이렇게 프리미엄이 저렴하지?'
'역시 장위가 이문보다 좋아서 프리미엄이 높은가?'

좀더 조사를 해봤음. 25평 조합원 분양가는 장위 4구역이 3.6억, 장위 10구역이 3.26억, 이문 1구역이 4.07억이었음. 이문 1구역과 장위 10구역의 입지나 사업조건이 동일하다면 총 취득가액(조합원 분양가 + 프리미엄)이 동일해야 하는데, 이문 1구역의 조합원 분양가가 장위 10구역의 조합원 분양가보다 8,100만원이 더 비싸므로 이문 1구역의 프리미엄이 8,100만원 더 저렴해야 총 취득가가 동일하게 됨.

즉, 장위 10구역의 최신 시세 프리미엄이 4.5억이므로, 이문 1구역의 프리미엄은 장위 10구역보다 8,100만원 더 저렴한 3.69억이 시세라는 결론이 나옴.

	장위 4구역	장위 10구역	이문 1구역
조합원 분양가	3.6억	3.26억	4.07억
프리미엄	4.5억	4.5억	3.69억
분담금	입주시까지 없음	입주시까지 없음	계약금 20%
초기투자금	많음	많음	적음

다시 말해 높은 프리미엄 때문에 초투가 크고 분담금이 적은 장위냐, 초투가 적고 조합원 분양가가 높아 분담금이 많은 이문이냐의 차이였음.

이문, 분상제 감당 가능 전세금 상승 기대!

사업성이 좋은 장위 10구역을 선택하고 싶었지만, 정작 장위 10구역 매물은 나와 있지 않았고, 내 수중에 큰돈이 없어서 초투가 많이 드는 장위 4, 10구역은 조금 부담스러워졌음. 마침 이문 1구역 중에 권리가액이 커서 프리미엄이 3억 초반인 좋은 매물이 하나 등장했는데 취득세, 복비 등 부대비용을 고려하면 이 매물은 나의 예산을 약간 초과했음. 결정을 내리기엔 좀 고민이 되었음.

정확히 6시간을 고민했음. 네이버에 나온 모든 블로그 정보를 다 뒤졌음. 크게 걸리는 것은 2가지.

첫째, 현재 나와 있는 매물 중에 전용면적 84㎡ 배정 매물은 없고, 59㎡ 배정 매물밖에 없었음. 문제는 이문 1구역은 전용면적 84㎡가 굉장히 유리한 조건으로 설계되었다는 것임.

84㎡는 외대앞 쾌적한 위치에 조합원 분양가도 59㎡와 8천만원밖에 차이가 나지 않았음. 대학교 앞이라 그런 건지 조합원들이 59㎡가 전월세가 잘 나간다고 들었는지 대거 59㎡로 신청했나 봄. 전용면적 59㎡를 신청한 조합원 수와 59㎡의 전체 물량이 비슷해서 조합원임에도 불구하고 저층을 배정받을 판이었음.

보통 일반분양 전에 층수가 좋은 물건을 조합원에게 우선배정하지만 일반분양 물량 대비 조합원이 많은 평형은 조합원이 1층이나 저층을 배정받을 수도 있음.

둘째, 이문 1구역은 사업성이 좋지 않은데 분상제 리스크도 있었음. 동대문구인 이문 1구역은 성북구인 장위 10구역보다는 일반분양가를 더 높게 산정하겠지만, 그래도 이문 1구역의 관리처분 단계에서 예상 분양가를 얼마에 책정했는지를 알아봐야 했음. 인터넷에서 정확히 나오지는 않았지만, 평당 약 1,900만원으로 추정했음.

(관리처분내역서를 보면 비례율과 일반분양 수입이 명시되어 있는데 이를 보면 일반분양가를 얼마에 책정했는지 알 수 있음. 분양하는 시점은 보통 관리처분인가를 받고 2~3년 정도 이후인데 이 기간 동안 일반분양 수입이 늘어날 수 있으면 비례율이 증가되어 조합원에게 이익이 될 수 있음. 때문에 관심 있는 지역의 재개발 사업장 관리처분내역서는 꼭 봐야 함.)

동대문구 청량리의 평당 분양가는 약 2,300만원이었으므로 이문 1구역이 분상제를 맞아도 평당 2,000만원 이상으로 일반분양가가 책정되면 추가 비용은 나오지 않을 수 있을 것 같았음. 그나마 다행이었음.

장위와 비교했을 때 확실한 장점도 있었음. 주변에 여러 대학과 의료원이 있어서 전월세 수요가 뒷받침된다는 것, 백화점이 있고, 교통이 편리한 청량리역이 가까워서 장위보다 전세 1억 정도는 더 받을 수 있다는 것임. 그리고 무엇보다 프리미엄이 저렴한 매물이 딱 하나 남아 있었음.

바로 핸드폰을 집어들어 부동산중개소에 전화했음.

"계약하겠습니다. 계좌번호 주세요."

계약할게요, 계좌번호 주세요!

계좌번호를 받았다! 드디어 합격했다!

40분이 흐르고, 드디어 부동산중개소로부터 입금할 계좌번호와 등기부등본을 받았음. 그동안 이유도 알 수 없이 매도자로부터 수십 차례의 불합격 통보를 받았기에, 과장을 좀 보태 이 느낌을 표현하자면 마치 취업할 때 계속 서류탈락 문자만 받다가 가고 싶던 회사에서 합격 문자를 받은 느낌이랄까?

헐레벌떡 컴퓨터 앞으로 가서 인터넷 대법원등기소에 접속해 등기부등본을 열람했음. 해당 주소가 이문 1구역에 포함되는지 거듭 확인하고 등기부등본에 적힌 소유자의 계좌로 가계약금 3천만원을 보냈음. 일을 마치자 손이 파르르 떨렸음.

와이프는 아직 이문에 대한 확신이 없었음. 내가 모든 것을 책임질 테니 걱정하지 말라고 안심시켰지만 2018년 4월 이후처럼 단기적인 하락장이 오진 않을까 걱정되긴 했음.

마지막까지 노심초사, 결과는 부린이 탈출 성공!

다행히 이번에는 계약 후에 중도금 넣기 전까지 프리미엄 가격이 계약금을 넘어 오르고 있었음. 인터넷에서 찾아보니 매도자가 돈을 물어주고 계약을 파기하는 경우도 있다고 했음.

3천만원의 계약금을 걸었으면 매도자가 3천만원을 얹어서 배액배상으로 돌려주면 된다고 함. 위약금을 받는다고 해도 계약 파기는 서러운 일인데, 이것도 소득이라고 매도자가 22%를 제하고 준다고 하니, 황당함과 서러움의 연속인 것임.

어쨌든 매도자가 매수자에게 위약금을 줘도 이익이 될 만큼 시세가 올랐다는 의미이기 때문에 나는 그 지역을 다시 사기 어려워지는 것임. 머릿속이 복잡했고, 계약을 파기당하진 않을까 노심초사했음.

　우여곡절 끝에, 그리고 먼 길을 돌아서 나는 이문 1구역 조합원이 되었음. 상승장이 계속되고 매수 후 2달 만에 1억이 올랐음. 이제는 모든 걱정을 잊고 동호수 추첨이 잘되기를 기도하고, 그전보다 더욱 심각하게 회사에 뼈를 묻을 각오로 다녀야겠다고 결심했음. 내 대출은 회사원이라는 울타리 안에서만 가능했기 때문임.

tip 재개발투자 십계명

1. 입지는 사업성을 이긴다

: 상급지는 일반분양이 적어도 사업이 성공한다.

2. 사업 추진 속도는 사업성보다 중요하다

: 사업성이 좋아도 사업 추진 속도가 늦으면 수익이 적다.

3. 사업 추진 속도나 현황은 조합원도 알기 쉽지 않다

: 재개발, 재건축 추진 정보는 폐쇄적이다.

4. 따라서 입지와 사업성을 고려해 투자한다

: 사업 추진 속도도 알 수 있으면 좋다. 하지만 가짜 정보를 가려낼 수 있어야 한다.

5. 입지가 좋으면 사업 초기부터 투자금이 많이 든다

: 한남 뉴타운 > 노량진 뉴타운 > 거여 마천 뉴타운 > 장위 뉴타운

6. 그래서 투자 가능한 금액에 따라 입지와 사업단계가 정해진다

: 상급지를 갖고 싶으면 초기 사업단계에 들어가는 리스크를 감수해야 한다.

: 하급지도 괜찮다면 리스크가 적은 후기 사업단계에 들어갈 수 있다.

7. 동일한 입지인 경우 사업성이 좋다고 해서 투자금이 많이 드는 건 아니다

: 사업성과 별개로 주목받는 재개발 구역의 사업장은 프리미엄이 높다.

8. 그러므로 입지를 정했다면 투자할 사업장별로 사업성을 분석해야 한다

: 같은 뉴타운 내에 있는 재개발 구역 사업장이라고 하더라도 사업성은 천차만별이다.

9. 사업성을 분석하는 지표를 이해한다

: 대표적인 지표는 ① 비례율, ② 용적률, ③ 조합원 비율이다.

10. 재개발, 재건축은 여윳돈 가지고 투자하는 것이다.

: 다른 부동산에 비해서 환금성이 떨어지고 하락장에서 가장 빠르고 크게 조정이 온다.

100만 붙카페 BEST 등극!
" 가용 현금 없는 흙수저ㅠㅠ "

작성자 ID : 청무피사　　　　　　　　　　　　　　좋아요 ♥ 401

---

khfc1192
2018년 1월 초만 해도 이문 1구역 P가 8천 내외였는데…
그때 지르지 못한 게 한입니다.

바다로날아가자
장위 주변도 좋긴 한데 한강 이북이라 아쉽긴 하네요.

> **냠냠곰**
> 저 장위 4구역 조합원이에요. 30평으로 받았는데
> 입주할 때 11~12억 되길 기도하고 있어요!

은은한세상
주변에 부동산 가르쳐주는 사람이 없어서
무작정 뛰어다니고 시행착오를 겪은 제 30대를 보는 듯 짠하네요.
자유시장경제는 두 눈 부릅뜨고 노력하는 자에게
문을 열어줄 수밖에 없지요^^

JW 매리엇
가용 현금이 얼마 없는 흙수저의 이야기…
제 이야기 같아 더 공감이 되는…
지금은 서울 갈 돈을 마련하기 위해 아직 수도권에 있지만
2~4년 후에는 저도 멋진 후기를 올릴 수 있을 거라 생각합니다.

7
부

청무피사의
부린이 탈출기

부모님께도 신축 아파트를!

1 신축으로 이사 가자고
아버지를 설득하는 부린이

2 육고초려,
너무 단호한 아버지

3 가까스로 설득에 성공한 부린이

4 드디어 부린이 탈출 성공!

돈이 없지,
시간이 없냐?

부동산의 코스닥,
비규제지역 파헤치기

나는 이문 1구역 조합원이 되었을 때부터 비규제지역을 공부했음. 내가 돈이 없지 시간이 없는 것은 아니었음. 부동산을 사지 않더라도 공부해서 나쁠 건 없음. 인생에서 누구나 매매, 전세, 월세 이 3가지 선택지 중에서 하나는 반드시 선택해야 하기 때문임.

서울 아파트가 코스피라면 비규제지역 아파트는 코스닥임. 적은 금액으로 투자할 수 있지만 그만큼 리스크가 있음. 그래서 나는 비규제지역 중에서도 인프라가 갖춰진 구도심을 좋아함. 인프라가 갖춰져 있으면 그만큼 전세 수요가 안정적이라 리스크가 줄어들기 때문. 내가 신도시를 좋아하지 않는 것도 같은 맥락임.

나는 안전하게 내공을 쌓으면서 차근차근 돈을 벌고 싶음. 나는 주식도 바이오주는 사지 않는 성향임. 부린이들은 본인의 성향을 먼저 파악하고 투자할 필요가 있음.

눈에 확 들어온 동네, 부평

일전에 부평 쪽에 갈 일이 있었는데 동네는 낙후되어 있었지만 유동인구가 정말 많았음. 이런 동네는 돈이 될 만한 사업장이 분명히 있을 것이라는 촉이 왔음. 그 지역에 사는 사람은 그 동네의 가치를 평가절하하는 경향이 있기 때문에 틈새시장이 있음. 내가 흑석을 평가절하해서 놓친 것처럼.

부평과 근처 산곡을 눈여겨본 포인트는 다음과 같음.

1 │ 다주택자 규제 정책 심화

정부의 규제가 갈수록 심해지는데 서울 아파트 1채 + 서울 분양권 또는 서울 아파트 1채를 추가로 가질 만한 금전적인 여유가 내

게는 없었음. 서울 아파트 1채 + 비규제지역 아파트 1채를 가지는 것이 여러모로 유리해 보였음.

2 | 비규제지역, 6억 이하 아파트

12·16 부동산대책에 따르면 정부는 6억 이하의 아파트를 서민 아파트, 9억 이상의 아파트를 고가 아파트, 15억 이상의 아파트를 초고가 아파트라고 규정하고 있음. 그래서 9억 이상의 아파트에 각종 규제를 쏟아냈음.

즉, 6억 이하의 아파트는 서민 아파트라서 당분간 추가 규제가 들어오지 않을 것이라 판단했음. **만약 9억 이상의 아파트에 대한 정부 대출 규제가 계속 심해진다면 투자 수요가 비규제지역의 6억 이하 아파트로 반드시 이동할 것이라고 예상했음.**

여기서 굉장히 재미있는 사실은, 6억 이하 아파트는 서울에서는 투자가치가 없는 아파트이지만, 인천에서는 신축 대장급의 아파트라는 것.

3 | 명불허전 신축 아파트

정부가 하는 말 중에 정말 맞는 말이 하나 있음. 신축 아파트가 고분양가로 분양하면서 인근 단지의 시세를 끌어올린다는 것. 이건 정말 레알 반박 불가의 사실임. 신축 아파트가 인근 단지의 최고가로 분양이 완료되면 인근 새 아파트들의 키 맞추기가 시작됨. 그러면서 구축들도 시세가 올라감.

정부는 이를 막기 위해 분상제를 실시했음. 많은 전문가들처럼 나도 분상제의 효과에 전혀 동의할 수 없음. 오히려 부작용이 더 크다고 생각함. 난 눈앞에서 5천만원씩 집값이 올라간 것을 똑똑히 본 사람임. 정부가 원인은 잘 파악했으나 이에 대한 대비책은 좀 허술한 부분이 있음.

비규제지역 입주권에 눈을 돌린 이유

서울은 HUG 분양가 규제와 정부 규제 때문에 고분양가로 일반분양이 불가능함. HUG는 앞으로 분양가가 너무 높으면 분양보증을 내주지 않을 것이라 했고, 정부의 분상제는 시행을 앞두고 있어서 서울의 재개발 사업장은 사업성이 떨어질 일만 남았음. 이런 상황이 반가운 사람은 청약점수가 높은 현금 부자들뿐…. 로또 분양으로 얻는 수익이 늘어날 일만 남았음.

반면 **비규제지역인 부평, 산곡의 재개발 사업장들은 지역 내 최**

고의 분양가로 분양이 가능해서 조합원의 수익이 극대화될 수 있음. 따라서 재개발 입주권을 사면 부동산 상승으로 인한 시세차익 + 상승한 일반분양 수입으로 인한 비례율 상승으로 추가 수익을 기대할 수 있다고 생각했음.

비규제지역의 재개발 입주권을 사기 위해 다음 2가지 리스크를 체크해봤음.

첫째, 비규제지역이 조정지역으로 묶이거나 분양가 규제가 들어올 가능성이 있는가?

그러나 서울에 가까운 경기도의 능곡조차 시세 대비 고분양가로 분양해 성황리에 완판되었고, 경기도의 덕은 역시 분상제 치고는 고분양가임에도 불구하고 일반분양이 완판되었음. 투기과열지구가 아니면 정부가 일반분양가를 눈감아주고 있다고 생각했음.

더군다나 인천은 그동안 집값이 오랜기간 정체되어 있어서 서울에 비해 매우 저렴했고, 부평 산곡 같은 구도심에 규제를 걸게 되면 많은 실수요자들이 피해를 보기 때문에 당분간 규제가 들어오지 않을 것이라 판단했음.

둘째, 분양 완판에 실패할 가능성이 있는가?

비규제지역의 재개발 사업장은 지역 내 최고 분양가로 분양공고를 낼 수는 있지만 서울에 비해 청약에 대한 인기가 떨어지기 때문에 고분양가를 내세우다가는 미분양이 날 가능성이 있음.

그런데 요즘 청약시장 분위기로 봐서는 고분양가 아파트라도 미분양으로 남을 것 같진 않음. 설령 해당 지역의 1순위 자격을 갖춘 주민들에게 외면받아 1순위 해당 지역에서 미분양이 나더라도 기타 지역 1순위 사람들이 쓸어갈 것이고, 이마저도 미분양이 난다면 무순위 청약, 소위 '줍줍'으로 완판될 것이 뻔히 보였음.

원래 청약 부적격자나 계약 취소분이 나오면 예비당첨자에게 우선 기회가 주어지는데, 예비당첨자들이 이조차 포기한다면 미계약 물량이 발생하게 됨. 그럼 시공사에서는 미계약 물량을 무순위 청약공고를 내 분양하는데 이를 '줍줍'이라고 함.

줍줍에는 별다른 자격조건이 없기 때문에 많은 사람이 무순위 청약에 지원함. 안양 아르테 자이 무순위 청약의 경우 76A 타입의 청약 경쟁률이 8,498:1이라는 경이적인 수치가 나온 것만 봐도 미분양이 나서 재개발 조합원의 수익이 감소될 일은 없다고 봤음.

따라서 비규제지역에서 6억 이하이면서 리스크도 없고 수익이 좋을 조합원 입주권을 찾기 시작했음. 그리고 그중에서 규제 걸릴 가능성이 낮은 부평, 산곡 쪽을 집중적으로 공부하기 시작했음.

서울 1채 + 비규제지역 1채!
(Feat. 돌연변이의 탄생)

2021년 지하철을 타는 산곡

나는 적어도 2017년까지는 정부의 말을 잘 듣는 무주택 모범생이었음. 영화 《괴물》에서 무차별적으로 버려진 포름알데히드에 의해 돌연변이 괴물이 탄생했다면, 나는 스무 번의 정부 규제와 부동산 폭등장을 겪으며 뺀질뺀질한 돌연변이 부린이로 재탄생해버렸음. 이런 내 모습에 나조차 쓸쓸했지만 그동안 쌓여 있던 무주택자의 피해보상 심리는 나를 계속 채찍질했음.

먼저 재개발 사업장이 많고 비규제지역이라 분양권 전매가 가능한 산곡부터 파고들었음.

산곡은 7호선 연장이라는 호재가 있는 지역임. 요즘 분위기를 보면 지하철 예타*만 통과해도 당장 지하철을 탈 수 있을 것처럼 호들갑떠는 유난스러운 동네들이 있음. 하지만 현실은 다름. 예타를 통과해도 지하철이 개통되어서 실수요자들이 들어오기까지는 최소 5년이 걸림. 그래서 잘 생각해보고 객관적으로 판단해야 함. 반면 산곡은 늦어도 2021년이면 지하철을 탈 수 있는 동네였음. 그래서 더 눈여겨보기 시작함.

산곡역(백마장사거리역)의 경우 7호선을 타고 50분 내로 강남에 갈 수 있기 때문에 인천에서도 주목받고 있는 지역이었으나 주변에 별다른 인프라가 없는 건 리스크가 확실했음.

산곡의 역세권이면서 대장인 산곡 6구역은 재개발 사업단계에 비해서 프리미엄이 많이 붙어 있어 보였고 비역세권인 재개발 사업장들은 별로 끌리지 않았음. 아무래도 비규제지역인 인천에 투자하는 만큼 서울에서는 절대 살 수 없는 대장 단지를 사보고 싶었음.

◆ 예타 : 예비타당성의 줄임말. 정부가 투자할 신규 대규모 사업은 경제성, 재원조달 방법 등을 검토해 사업의 적정성을 인정받아야 함. 여기에 사업의 추진 여부가 달려 있음.

산곡 지역, 청천 2구역

앞서 말했듯이 투자자마다 분명 성향이 다르고, 나는 역세권 관리처분 이후의 재개발 사업장을 선호하는 편이라 산곡이 끌리지 않았음. 그럼에도 불구하고 청천 2구역은 끌렸음.

청천 2구역은 철거가 완료되었음에도 프리미엄이 1.5~1.6억 (2019년 9월 기준)이었고, 청천 2구역은 뉴스테이** 사업에서 일반분양 쪽으로 선회해서 4개월 이상의 사업 지연을 예상할 수 있었음.

바로 이때가 내가 가장 좋아하는 타이밍임. 철거 이후에 사업이 지연되면서 원 조합원들 중에서 분양을 기다리다가 지쳐서 그냥 이쯤에서 차익을 실현하려고 매물을 던지는 사람이 반드시 나오는 시점임. 즉, **좋은 매물을 고를 수 있는 매수우위시장이 생길 수 있다**는 것임.

그러나 정작 산곡과 청천에서 매물을 찾지는 않았음. 비규제지역의 입주권을 파고들다 보니 더 좋아 보이는 물건을 발견했기 때문!

◆◆ 뉴스테이(New stay) : 지금은 '공공지원 민간임대주택'으로 용어가 바뀜. 기업형 임대주택으로 임대주택 시공에 민간건설업체가 참여하는 것. 정부가 임대료 상승을 제한하면서 사업성이 떨어졌고, 비규제지역 분양시장의 분위기가 좋다 보니 뉴스테이에서 일반분양으로 변경하는 재개발 사업장이 늘어나고 있음.

포기하지 말 것!
부동산은 보물찾기다

저평가된 부평의 대장, 래미안 부평

산곡, 청천 지역의 시세가 적당한지 보기 위해 인근 대장 아파트를 찾기 시작했음. 더블역세권인 부평구청역 앞에 있는 래미안 부평이 대장 아파트였는데 산곡, 청천의 재개발 사업장 조합원 분양가 + 프리미엄보다 오히려 상대적으로 더 저렴해 보였음.

인근에 있는 신일 해피트리 분양권 + 프리미엄의 가격이나 최근 분양이 완료된 부평 두산위브의 분양가는 래미안 부평에 비해서 오버슈팅이 확실했음. 래미안 부평이 키 맞추기를 진행할 것으로 보였음.

프리미엄 적정가 구하기

우리가 마트에 가서 우유를 살 때도 매일우유, 서울우유, 남양우유, 굿모닝우유 등의 가격과 용량을 비교해봐야 어떤 것이 더 저렴한지 알 수 있듯이 재개발 프리미엄과 분양권 프리미엄은 인근 신축 아파트와 비교해봐야 가격이 적절한지 알 수 있음.

① 재개발 사업장의 조합원 분양가 + 프리미엄 + 취득세
vs
② 분양권의 분양가 + 프리미엄
vs
③ 신축 아파트의 매매가 + 취득세

이렇게 3가지의 가격을 비교해보면 어떤 것이 더 저렴한지 좀더 쉽게 알 수 있음.

동일 급지인 경우 재개발 사업이 완료되어 신축 아파트가 지어지면 당연히 현재 신축인 아파트보다 더 새 아파트가 되니까 매매가가 비쌀 것임. 그런데 관리처분인가 이후의 재개발 매물은 아직 사업이 3~4년 남았기 때문에 **현재 시점에서 매매가격을 비교하면 신축 아파트랑 비슷한 수준으로 형성되어 있음.**

신축인 래미안 장위 포레카운티, 퍼스트하이(매매가 7억)와 4년 뒤 입주 예정인 역세권 장위 10구역(조합원 분양가 + 프리미엄 = 6.66억)의 차이를 보면 알 수 있음.

다음은 산곡, 청천(2019년 12월, 34평 기준)의 ①~③ 가격 비교를 위해 정리한 것임.

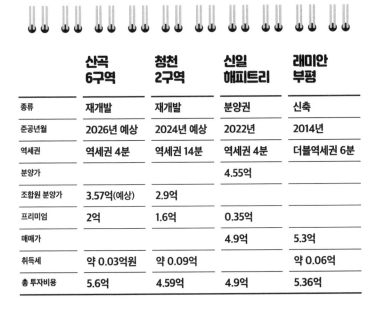

	산곡 6구역	청천 2구역	신일 해피트리	래미안 부평
종류	재개발	재개발	분양권	신축
준공년월	2026년 예상	2024년 예상	2022년	2014년
역세권	역세권 4분	역세권 14분	역세권 4분	더블역세권 6분
분양가			4.55억	
조합원 분양가	3.57억(예상)	2.9억		
프리미엄	2억	1.6억	0.35억	
매매가			4.9억	5.3억
취득세	약 0.03억원	약 0.09억		약 0.06억
총 투자비용	5.6억	4.59억	4.9억	5.36억

산곡 6구역은 2026년 준공으로 예상되어 사업기간이 많이 남아 있기 때문에 래미안 부평보다 저렴할 것이라 생각했는데 오히려

래미안 부평보다 비싼 가격이었음.

래미안 부평이 있는 부평구청역은 더블역세권이고 산곡에 비해서 주변환경이 잘 정비되었음. 또 신일 해피트리도 래미안 부평과 비교하면 급지와 브랜드에서 차이가 나기 때문에 지금 이 두 아파트의 시세 차이는 6천 이상이 적합하다 판단했음.

래미안 부평의 경우 전세가율이 높고 전세가도 계속 상승 중이어서 전세 걱정 없는 안전자산이라 판단했음. 반면 신일 해피트리는 인근에 쌍용 더플래티넘 부평하고 입주시기가 7개월밖에 차이가 나지 않아서 2022년, 2023년에 전세가가 안정적이지 않을 수 있다고 봤음.

이런 이유로 래미안 부평의 매물을 찾기 시작했음.

2019년 12월에 래미안 부평 24평이 매매 4.1억에 전세 3.2억으로, 갭이 9천인 물건이 있었음. 산곡, 청천도 이제 투자하려면 초투가 2억 이상 필요한 시점이었기에 내가 무주택자라면 래미안 부평 매물을 2개 샀을 것임. 확실히 이목이 집중된 산곡보다 더 매력적이었음. 나는 이 아파트의 24평이 2020년 안에 매매 6억에 전세 4억까지 갈 것으로 예상함.

좋은 정보는 나누면 행복이 배가 됨. 나는 이 정도의 돈이 없으니 어머니에게 전화했음. 어머니에게 내일 부평구청역으로 가서 래미안 부평 물건을 보고 오시라고 말씀드렸음. 어머니는 재테크를 하고 싶어하시지만, 아버지는 IMF 시절에 안 좋은 기억이 있으셔서 아파트 투자를 안 좋아하심.

일전에 형이 아버지에게 능곡 2구역 재개발 입주권을 하나 사두라고 조언을 드렸는데 그때가 프리미엄이 4천만원일 때였음. 아버지는 아들들 성화에 못 이겨서 임장을 다녀오셨지만 끝내 능곡이 싫다고 하셨음. 능곡 2구역의 프리미엄이 2억이 된 후 추석날 아버지의 자리는 적들에게 포위된 가시방석이 되었음. 공인중개사 1회 자격증도 있으신 분께서 부동산투자는 절대 하지 않으심.

래미안 부평 추천, 아버지와 또 말다툼

아버지께 전화를 드려 래미안 부평을 말씀드렸음. 또 불같이 화를 내셨고, 이 핑계 저 핑계 대고 안 가신다고 하셨음. 화가 나서 가계약금을 아버지 이름으로 넣어버리려다가 말았음.

사실 네이버 부동산 카페에서 부린이 탈출기 시리즈를 연재할 때 많은 쪽지를 받았는데, 정말 사정이 딱해 보이는 소자본 사람들에게는 래미안 부평을 추천해줬음. 나도 아직 아마추어라 책임질 수는 없지만 적어도 그들이 관심 있어하는 지역보다는 더 오를 자신이 있어서 쪽지를 보냈음.

12·16 대책의 풍선효과로 래미안 부평도 가파르게 상승 중이었음. 풍선을 누르면 누르지 않은 부분이 부풀어오르는 것처럼 문제를 하나 해결하면 다른 부분에서 새로운 문제가 터지는 현상을 풍선효과라고 함. 서울(특히 강남)의 집값 상승을 억제하기 위한 정부의 규제가 오히려 다른 지역의 집값을 상승시키는 것임. 그래서 부평의 대장인 래미안 부평이 부풀어오르게 된 것.

2019년 12월에는 매매가가 4.1억에 전세 3.2억이었는데 3개월이 지난 2020년 3월에는 4.9억짜리 물건밖에 남지 않았음. 1억 넣고 3달 만에 8천만원의 매출을 올린 셈. 래미안 부평이 수익률 측면에서 좋으면서도 전세가 방어가 가능한 안전자산인 건 확실했음. 앞으로도 가격이 계속 올라갈 것임. 잠재력이 있는 부평의 대장이니까.

선배 요청으로
부평, 부개 조사 시작

부평 재개발 vs 부개서초 재개발

회사 선배가 부개역푸르지오에 살고 있다면서 부평구의 여러 재개발 사업장 중에서 부개동의 부개서초 재개발 사업장이 가치가 있는지 알아봐달라고 부탁했음.

나는 역세권이면서 관리처분인가 승인 이후의 재개발 사업장을 좋아하기 때문에 나머지 재개발 사업장은 건너뛰고 부평역 주변인 부평 2구역, 부평 4구역, 부개 4구역, 부개서초 이렇게 네 군데 자료를 모았음. 이외에 나머지 재개발단지들은 끌리지 않았음.

먼저 부평 2구역은 조합원 비율이 77%로 서울이면 당연히 좀더 조사했겠으나 인천 치고는 높은 편이라 1차 제외했음.

부평 4구역은 조합원 비율이 낮아 조합원 분양가가 낮고 사업성이 높지만 2020년 상반기 현재 이주 중임. 비례율이 122%이며 관리처분인가내역서에 25평 기준 일반분양가를 3.5억으로 산정했음. 일반분양까지는 아무리 빨라봐야 1.5년이 걸릴 것으로 예상됨. 일반적으로 비례율은 높을수록 좋지만, 비례율이라는 것은 유동적이라 재개발 사업이 끝나기 전까지 언제든 바뀔 수 있음.

일반분양 예정인 1.5년 안에 만약 부동산이 하락장으로 돌아서서 일반분양가를 더 높게 받기 힘들어지면 비례율이 더 이상 높아지지 않거나 하락할 가능성이 커짐. **그래서 나는 매수시에 비례율이 높은 곳보다는 추후에 비례율이 높아질 수 있는 곳을 사는 것을 선호함.**

그리고 부평 4구역은 34평 매물이 많아 프리미엄이 높고 초투도 높아서 25평 매물을 찾고 있던 나에게는 부적합했음.

부개 4구역은 강남을 가는 7호선 부평구청역 인근이고 부동산 중개소 사장님도 추천한 지역이지만 이주 전이라서 제외했음.

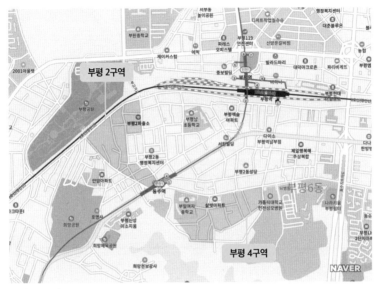

부평 2, 4구역

마지막으로 부개서초를 분석했음. 비례율이 100%였음. 조합원 비율이 낮은 편인데 비례율이 생각보다 낮았음. 관리처분 당시에 책정한 일반분양가를 알아보려고 관리처분계획서를 뒤졌는데 인터넷에 나오지 않았음.

부동산중개소 여러 곳에 전화해서 부개서초가 관리처분 당시에 일반분양가를 얼마로 측정했는지 물었음. 잘 모르겠다고 하는 부동산중개소는 패스했음. 부개서초 매물을 많이 다루지 않은 것이기 때문임.

그중 한 곳에서 관리처분 당시 일반분양가를 평당 1,250만원으로 산정했다고 알려줬음.

입가에 미소를 숨길 수 없었음.

부개서초의 손을 들어줄 수밖에 없는 이유

인근 신축 아파트에 해당하는 부개역푸르지오의 매매가와 2020년 12월에 입주를 앞둔 부평 코오롱하늘채의 25평 분양권 총 취득가격(분양가 + 프리미엄)은 4.2억(2020년 1월 기준)이었음.

나는 이 아파트들이 래미안 부평의 시세를 따라가면서 4.5억까지는 금방 갈 것으로 봤음.(원고를 수정하던 2020년 3월, 부평 코오롱하늘채 분양가는 이미 4.5억을 넘어버림.)

그러면 2020년 5월에 분양 예정인 부개서초의 25평 일반분양가는 최소 4.2억에 나올 것이라 생각했음.

부개 4구역, 부개서초

관리처분 당시 평당 일반분양가(1,250만원)를 계산해보면 25평은 약 3.1억(25평×1,250만원)임. 하지만 2020년 5월의 예상 일반분양가는 25평 기준 최소 4.2억이므로 25평 1채당 1.1억의 일반분양가 상승을 통한 추가 수익이 생기는 것임.

이제 이것을 부개서초 재개발 사업 전체에 반영해보겠음. 25평 1채당 1.1억의 수익이 발생하므로 분양 물량인 878세대가 전부 25평이라고 대충 가정해서 계산해봐도 추가 분양 수익으로 약 1,000억(878세대×1.1억)이 생기는 것. 이를 조합원 인원수로 나누면 대략 2억. 물론 건설사와 이해관계도 있고 세금 문제도 복잡해서 이렇게 단순하게 될 리는 없지만, **그래도 확실한 건 비례율이 폭등할 수 있다**는 사실.

지금은 비례율 100%로 저렴하게 사고 나중에 팔 때는 일반분양 수익 상승 때문에 높아진 비례율에 따라서 비싸게 판매할 수 있는 것임.

인천이라 이주비 대출도 60%까지 가능해서 초투도 적었음. 비례율을 생각하지 않더라도 이미 차기 부평의 대장 단지라서 투자할 만한 사업장인데 비례율이 상승되면서 추가 상승이 생길 수 있는 곳이었음. 일반분양도 5개월 뒤라서 그때까지 하락장은 오지 않을 것이라 판단했음. 이건 입주 시점까지 가져가서 조합원 혜택을 다 누리면서 전세 맞춰 팔 물건이고, 권리가액이 큰 것으로 사야 한다는 각이 나왔음.

장위와 이문의 재개발 사업장을 그렇게 계산해댄 나의 노력이 인천에서 빛을 발하는 순간이었음.

본격적으로 매물을 조사했음. 부동산중개소 다섯 군데를 조사해서 중복 매물 제외한 것이 다음 표임. 이제 부동산중개소에 전화하는 일은 아침에 울리는 알람을 끄는 것보다 더 쉬운 일이 됐음.

지역	부개서초				
건설사	SK + 한진				
개발 단계	2020년 5월 분양				
조합원수	553				
세대수	1,559				
일반분양 세대수	883				
조합원 비율	39%				
비례율	100%				
매물	A부동산	A부동산	B부동산	C부동산	D부동산
동호수	112동 중층	108동 고층	112동 중층	108동 고층	103동 고층
권리가	7,000	10,000	4,400	12,050	11,850
프리미엄	16,000	17,000	17,000	18,000	16,000
전세 또는 이주비	4,200	6,000	2,640	7,230	7,110
초기투자금 (권리가 + 프리미엄 - 전세 또는 이주비)	18,800	21,000	18,760	22,820	20,740
조합원 분양가	27,600	27,600	27,600	27,600	27,600
총 취득액 (프리미엄 + 조합원 분양가)	43,600	44,600	44,600	45,600	43,600
관리처분시 일반분양가	31,250				
예상 일반분양가	42,000				
주변 시세	45,000				

(단위 : 천만원, 2020년 1월 기준임)

강남 아파트 문턱보다 높은 아버지

1.5~2억 초투, 부모님 설득하기 시작

이 정도 금액이면 부모님 예산으로 충분히 접근 가능해 보였음. 어머니에게 전화를 걸었고, 어머니는 사고 싶다고 하셨음.

후… 이제 강남 아파트 문턱보다 높은 아버지에게 전화를 했음. 이번까지 총 다섯 군데의 매물을 추천해드렸으나 다 반려당한 터라 매우 긴장되었음.

황금빛 앞날의 청사진을 제시하며 초투가 적게 들어가고 TV, 냉장고 등 각종 조합원 무상혜택에 엄청난 시세차익이 예상된다고 강하게 어필했더니 마지못해 마음대로 하라고 하셨음.

신나서 프리미엄 1.6억짜리 매물 2개를 갖고 있는 부동산중개소에 전화해서 출발 가능한 물건이냐고 물었음. 부동산중개소에서 출발 가능하다고 해서 계좌번호를 달라고 했음. 잠시 후 연락이 왔음. 매물을 거둬들였다고 함. 이런 일을 하도 많이 당해서 이제는 아주 익숙함. 오히려 매물을 안 거둬들이면 잘못 샀나 하는 생각이 들 정도임.

다른 매물 중에는 중복 매물로 보이는 게 있었음. 권리가액은 동일한데 한 부동산중개소에는 프리미엄이 1.6억에 나와 있고 다른 부동산중개소에는 1.7억에 나와 있었음. 프리미엄 1.6억에 나온 부동산중개소에 전화해서 계약을 진행해달라고 했음. 잠시 후 전화가 왔음. 프리미엄 1.7억이 아니면 안 판다고 함. 역시 중복 매물이었음.

프리미엄 1.7억짜리 매물은 총 3개가 있었는데 그중 1개 매물만 부평역 GTX-B 역사 예정 위치에 가까운 로얄동이었음. 어머니가 도로 근처는 시끄럽다고 싫어하셔서 최종적으로 로얄동 매물로 진행하기로 했음.

부동산중개소에 전화해 프리미엄 1.7억에 사겠다고 진행해달라고 했음. 그나마 다행이었음. 서울은 호가가 5천씩 뛰는데 여기는 1천씩 뜀. 양심 있는 동네임.

가계약금 500만원? 이거 실화?

드디어 계좌를 받았음. 인천 쪽에서 거래는 처음이라 부동산중개소에 이 동네는 계약금을 얼마 하냐고 물어봤음. 부동산중개소에서 가계약금 500만원, 계약금 2천만원 정도 한다고 했음.

강남에서 거래하는 사람들이 서울 집 살 때 이런 기분일까? 요즘 같은 시대에도 가계약금 500만원 넣는 동네가 있구나 하는 생각이 들었음.

가계약금으로 2천을 넣음. 부동산중개소에 가계약금 2천 넣었다고 하니 벙 찐 눈치였음. 수원도 순식간에 1억이 오르는 판국에 부평이 그 정도까지는 아니어도 갑자기 올라서 계약이 깨지는 것은 싫었음. 계약금 4천, 중도금 없이 잔금 1달 이내로 하고 잔금 날짜를 맞췄음.

본격적으로 가격이 오르는 시기는 백운 2구역 백운 힐스테이트 분양 시기인 2020년 3월과 부개서초가 분양하는 2020년 5월쯤으로 예상했기 때문에 최대한 3월 이전으로 잔금을 맞췄음.

아버지는 이제 태도를 바꾸셔서 새 아파트에 실입주하고 싶다고 하심. 삼고초려가 아니라 육고초려 끝에 아버지를 부동산의 세계로 등용시켰음. 제갈량보다 더 모시기 힘든 분이었음.

효자가 될지, 불효자가 될지 모르지만…

부동산은 처음이 어렵지 그다음부터는 쉬움. 그래서 부개서초가 좀 오르면 다른 데도 하자고 찔러볼 생각임.

6억 이상 아파트에 대한 규제가 심해지면 부평 쪽도 풍선효과로 급상승할 가능성이 있다고 생각했고, 2020년 1월부터 이미 조짐이 나타나고 있긴 함.

부평은 거주인구가 많은 반면에 신축 아파트는 별로 없음. 그리고 재개발단지들이 차례로 최고 분양가를 찍고 완판될 단지들이 많음. 그럼 이미 분양을 완료한 재개발 사업장의 입주권이나 분양권 프리미엄이 계속 올라가는 구조가 형성됨.

내 예상이 맞아서 내가 효자가 될지, 아니면 정부가 불붙은 집값을 잡아서 불효자가 될지는 아무도 모르는 일.

시즌 2가 나온다면…

나는 올해 2월에 인천에 집을 매수해서 마침내 2주택자가 되었음. 겁 많은 무주택 청포족(청약포기족) 부린이에서 이제는 매수심리가 위축되는 순간에도 투자하는 배짱 두둑한 다주택자가 된 것임.

혹시라도 시즌 2가 나온다면 은행 이자에 허우적대는 부린이에 대한 내용일지, 아니면 코로나19 리스크에도 과감하게 투자해 차익을 실현한 간 큰 부린이에 대한 내용일지, 그건 아무도 모름.

그러나 결과가 어느 쪽이든 나는 성장할 것이고, 나의 부동산 도전기도 계속될 것임.

알아두면 요긴한 비규제지역

일산

나는 일산 출신으로 27년간 이 동네에 살았고 서울에 가기 위해서 안 타본 교통수단이 없음. 그만큼 일산의 한계에 대해서 누구보다 잘 알기 때문에 그동안 부동산투자를 하면서도 일산을 고려하지 않았음. 그러나 최근에는 이 애증의 일산 집값이 오를 것으로 생각해 관심 있게 보고 있으며 주변 지인들을 위해서 매물을 알아봐줬음.

1. 소액투자가 대세, 비규제지역으로 몰리는 투자자

2020년 3월 기준 투자의 흐름은 전세가율이 70~80%에 육박한 비규제지역의 소액투자임. 그중에서도 준역세권, 준신축 이상이면서 갭투자 1.5억 이하인 매물들을 중심으로 거래가 상당히 활발하게 진행되고 있음.

인천, 군포, 안산, 시흥은 주간 매매 상승률이 높은 지역이라며 연이어 기사가 쏟아져나오고 있고 크게 기사에서 언급되지는 않지만 김부검(김포, 부천, 검단)이라는 이름으로 부천과 김포도 쌓여 있는 매물들이 빠지면서 집값이 상승하고 있음.

일산도 이미 선도투자자들이 진입하고 있지만 일부 단지에 국한되어 있고, 서부권 비규제지역 중에서 유일하게 2년 안에 신규 지하철이 개통되는 곳임에도 불구하고 큰 상승이 이루어지지 않고 있음. 가진 호재나 수도권 서부의 주변 시세보다 집값이 저렴해 투자가치가 있다고 보는 것임.

수도권 서부를 보면 크게 일산, 덕양구, 김포, 부천, 인천이 있음. 역세권 준신축 정도의 단지 시세를 살펴보면 다음과 같음.

지역	고양시 일산동	고양시 덕양구 토당동	김포시 걸포동	부천시 상동	인천시 부평구 부개동
아파트명	일산 동양	능곡 현대홈타운 1차	오스타 파라곤 1블록	라일락 대우, 유림	부개역 푸르지오
연식	18년	19년	11년	19년	10년
평수	33평	34평	34평	34평	34평
시세	3.3억	5억	4억	5.8억	5.6억

(2020년 3월 기준)

당연히 각 지역에서도 학군, 역세권, 입주년도에 따른 가격 편차가 있긴 하지만 전반적인 아파트들의 시세를 비교해보면 확실히 일산과 김포가 저렴함을 알 수 있음. 인천의 집값이 오르면 부동산이 끝났다는 말이 있었으나 이 말이 무색할 정도로 신축 분양권과 분양단지들의 청약이 대박을 터뜨려 구축 아파트값조차 끌어올리면서 상대적으로 일산의 가격이 더 저렴해 보이기 시작했음.

일산의 역세권 인근에는 인천처럼 재개발 사업장이나 신축 분양권이 많지 않기 때문에 인천만큼 단기간의 급상승을 기대하기는 어렵지만, 2020년 하반기 대곡 소사선 개통 이후로 실수요 유입이 늘어날 것으로 예상되며 이를 기점으로 경의 중앙선 라인의 풍동, 중산동, 일산동, 탄현동, 덕이동, 야당동의 준신축급 이상 저렴한 단지들이 수혜를 입을 것으로 예상됨.

2. 일산의 한계

① 3호선 인근 아파트는 대부분 재건축이 먼 25년차로 노후화됨
② GTX-A를 등에 업고 쏟아지는 운정과 킨텍스의 비역세권 신축 물량에 대한 우려가 있음
③ 대곡과 창릉 개발에 따라 예상되는 신축 물량에 대한 불안감
④ 강남 접근성이 상당히 떨어짐
⑤ CBD까지 1시간 이상 필요할 정도로 직주근접이 떨어짐

그런데도 **일산의 집값이 오를 것으로 생각하는 이유는**

① 수도권 서부 지역 중에서 일산만큼 집값이 싼 지역은 이제 없음
② 일자리가 증가하고 있는 마곡을 20분 내로 갈 수 있는 대곡소사선(서해선) 2021년 7월 개통 예정
③ 전세가율 80% 수준(2020년 3월 기준)으로 갭 1.5억 이하로 신축 투자 가능
④ 학군과 인프라가 좋은 편임

일산의 단점은 명확함. 그런데 중요한 건, 가진 단점에 비해서 아파트 가격이 저렴하면 투자가치가 있는 것이고, 장점이 많아도 가격이 비싸다면 그건 투자가치가 없는 것임.

괜찮은 지하철이 개통되는데 집값이 안 오르는 곳은 없음. 예타만 통과해도 집값이 들썩들썩하는 세상인데, 대곡소사선은 개통이 2년도 남지 않았는데도 불구하고 일산의 시세는 움직이지 않고 있음. 2021년 하반기에 지하철이 개통되고 6개월이 지난 2022년부터 지하철 운행이 안정화되고 실수요 유입이 증가하면서 상승에 대한 기대감이 몰려올 것임.

3. 2020년 하반기 대곡소사선 개통이 곧 기회

실수요자 입장에서 내 직장이 마곡 쪽이라서 현금 + 대출로 5억 정도 직주근접이 괜찮은 아파트를 알아보고 있다고 가정해보면 눈앞이 캄캄해짐.

① 마곡 34평 13억선, 구축 최소 7억선
② 가양, 등촌 구축 25평 7억
③ 우장산 인근 준신축 34평 9억, 화곡은 아파트단지가 별로 없음
④ 방화역 구축 주변 34평 6억 후반
⑤ 김포 고촌, 풍무, 걸포 주변 신축 34평 5억선

그동안 김포는 절대 집값이 오를 수 없다는 비난과 조롱을 받았지만, 최근 김포 골드라인을 발판 삼아 집값이 상승하고 있음. 이유는 김포공항과 마곡을 20분 내로 갈 수 있으면서도 5억 내로 신축을 살 수 있는 유일한 지역이기 때문임. 쏟아지는 입주 물량과 부족한 인프라에도 불구하고 수요가 폭발적으로 증가해 전세가가 유지되었음. 물론 매매가 잘 안되어서 매물이 쌓였고 아직도 2020년 입주 물량이 많이 남아 있어서 가격이 급히 상승할 일은 없지만, 그래도 꾸준하게 오르고 있음.

사실 능곡, 행신, 일산동구에서 김포공항, 마곡까지 거리는 김포에서 김포공항을 가는 거리만큼이나 굉장히 가까움. 그런데 덕양구와 일산에서 김포공항, 마곡과 연결되는 지하철이 없다 보니 버스를 타고 행주대교나 강변북로와 성산대교를 통해서 한강을 넘어가야 하는데, 여기가 상습 정체구간이기 때문에 직주근접이 너무 떨어졌음.

즉, 그동안 일산은 김포공항에서 9호선을 타는 실수요자, 마곡을 가야 하는 실수요자의 후보지에서 제외되었던 것임. 실수요자들의 유일한 선택지였던 김포를 대곡소사선과 학군 및 인프라를 갖춘 일산, 부천이 상당 부분 대체할 수 있다고

생각함. 신축을 선호하는 신혼과 어린 자녀를 둔 가정은 김포를 더 선호하겠지만 초등학교 이상의 자녀를 둔 가정이라면 일산과 부천으로 이동할 것으로 판단함.

나는 집을 사기 좋은 타이밍은 단기간에 폭등하는 시기 직전보다는 매물이 쌓여 있어서 RR을 급매로 잡을 수 있는 때라고 생각함. 그리고 폭등장에서 천천히 처분하는 게 가장 좋은 매도 타이밍이라고 생각하기 때문에 지금 일산이 저평가되어 있을 때 급매를 잡고 대곡소사선으로 실수요자가 유입되는 2022년 상반기의 상승장에 처분해 비과세를 받는다면 더없이 좋은 투자가 될 것이라 생각함.

인천

인천의 단기적인 상승률은 당연히 일산보다 높음. 그럼에도 인천을 두 번째로 언급하는 이유는 34평 8억선까지 올라온 송도와 34평 7억선까지 올라온 청라를 시작으로 인천이 올해 안에 조정지역으로 묶일 가능성이 높다고 보기 때문임. 조정지역으로 묶이면 분양권전매제한에 걸리고 양도소득세 중과세 적용을 받기 때문에 투자심리는 위축될 수밖에 없음. 그러면 일산과 순수익률을 비교해봤을 때 더 좋을 것이라 보기는 어렵다고 생각하기 때문임. 물론 실수요자라면 인천을 사는 게 낫다고 봄.

높은 전세가율, 재개발 입주권에 주목할 것

나는 보수적인 투자자이기 때문에 전세가율이 60% 이하인 서구와 연수구에 투자는 생각하지 않고 있음. 대신에 전세가율이 80%에 육박하는 미추홀구, 남동구, 부평구를 얘기해보려고 함. 이 세 지역을 언급하는 이유는 수많은 재개발 관리처분 이후의 단지들이 차례로 분양하면서 사람들의 시선을 끌어주고 주변 시세를 들썩하게 만들기 때문임. 그리고 분양권 거래 가능한 단지들이 많아서 주변 준신축 아파트 가격을 같이 상승시키기 때문임. 또한 멸실 예정인 재개발 사업장과 청약 대기 수요가 많아 전세가가 상승하고 있기 때문임.

이중에서 내가 가장 주목하는 것은 재개발 입주권인데, 그 이유는 비교적 초기투자금이 적고 진입장벽이 낮은 분양권에 사람들의 이목이 쏠려 있다 보니 초기투자금이 많이 들어가는 재개발 입주권은 상대적으로 저렴함. 그리고 인천의 재개발 사업장은 일반분양 물량이 많은 편인데 요즘 청약시장이 좋아서 사업성도 대부분 우수해졌기 때문에 비례율 상승을 기대할 수 있음.

그러나 인천에는 워낙 재개발 사업장이 많기 때문에 주목받는 지역은 프리미엄이 높은 편이고 상대적으로 주목받지 못하는 지역은 프리미엄이 낮게 형성되어 있어서 잘 선별해서 투자해야 함.

투자 측면에서 본다면 주안 3구역의 입주권이 매력적임. 인천의 서쪽에 있는 용현동의 SK스카이뷰 25평이 4.7억(2020년 3월 기준)까지 상승하는 흐름으로 볼 때 제물포역의 여의지구, 동인천역의 송림파크푸르지오의 84A는 사업단계에 비해 프리미엄이 낮아 추후에 상승폭이 높을 것이라 생각함. 그리고 상대적으로 주목받지 못하고 있는 계양구의 계양 1구역도 주목해볼 만하다고 생각함.

이 책에서 언급한 방법대로 인천의 재개발 사업장들을 분석해보면 분명 숨겨진 보물을 발견할 수 있을 것임.

100만 불카페 BEST 등극!
"가족 설득이 제일 힘들어요."

작성자 ID : 청무피사   좋아요 ♥ 273

---

 anywhere
부모님 이야기를 들으니 남편이 생각나네요.
부린이 남편 설득하기 너무 힘들어요ㅠ

>  **세종|토끼아빠**
> 두드리면 언젠가는 열리더이다ㅜㅜ
> 마나님 모시고 군말없이 기사 노릇 시작했어요ㅎㅎ

> **까꿔**
> 유인효과가 있으면 좋아요.
> 부동산 사서 오른 경험이 있거나,
> 지인이 투자하는 걸 지켜보거나.
> 반대로 주야장창 집값이 폭락한다는
> 인기 유튜브에 빠지면 어려울 거예요.

> **청무피사**
> 사고 싶은 아파트 근처로 놀러 가고 한 다음
> 부동산중개소에 들어감.
> 그러면 그 뒤부터는 부동산중개소 사장님이
> 알아서 처리해줄 거임.
> 굳이 입 아프게 내가 설득할 필요 없음.

부
록

청무피사의
부린이 탈출기

돈 되는 아파트
감별법

0. 투자 시작하기

일단 부동산투자를 시작해보자!

부동산에 투자한다고 하면 흔히 아파트를 구매하는 것만 생각하는데, 사실 부동산투자는 굉장히 종류가 많음.

① 청약에 당첨되어 신축 아파트를 분양
② 다른 사람이 분양 받은 아파트에 프리미엄을 주고 분양권을 구매
③ 재개발 진행 중인 주택에 프리미엄을 주고 재개발 물건을 구매
④ 재건축 진행 중인 아파트에 프리미엄을 주고 재건축 물건을 구매
⑤ 신축, 준신축, 구축 아파트를 다른 사람으로부터 구매
⑥ 주상복합이나 오피스텔 등을 구매

각각의 부동산마다 장단점이 있지만, 처음으로 주택을 사는 사람에게는 ⑤번을 추천하고 싶음. 왜냐하면 ⑤번이 부동산의 가장 기본이기 때문.

다 지어진 기존 아파트 등기도 등록해보고, 전세도 맞춰보고, 실거주도 해보고, 인테리어도 해보고, 차익실현도 해보고, 세금이나

부대비용도 내보는 등 고생을 하면서 '아, 앞으로 부동산을 살 때는 이런 것들을 고려해야 되는구나' 또는 '세금을 아끼려면 이렇게 해야 되는구나' 하는 것들을 느껴봐야 부동산에 대한 동기부여가 되면서 지속적으로 내공을 쌓아나갈 수 있음.

부동산시장이 항상 좋을 수는 없기에 내공을 쌓아놔야 하락장에서 최대한 방어할 수 있고, 상승장에서는 차익을 실현할 수 있음. 재건축, 재개발은 사업이 복잡하기 때문에 첫 투자부터 하기는 어렵고, 분양권은 수익률은 좋은 편이지만 투자의 정석보다는 편법을 더 많이 배울 수도 있어 첫 투자로는 추천하지 않음.

지역 분석은 조금만!
매물을 찾는 데 더 많은 시간을 할애하자!

쪽지를 보내주는 많은 무주택자 분들을 보면 매물 자체에 대한 고민보다는 지역, 단지에 대한 고민을 하는 데 너무 많은 시간을 쏟는 것 같음. 해당 지역이 아무리 좋다고 한들 매물이 없거나 시세보다 비싸면 그게 무슨 소용일까?

최고의 상급지에 투자하면 가장 큰 차익을 얻을 수 있음. 강북에 투자하고 얻는 수익보다는 강남에 투자하고 얻는 수익이 더 많을 수밖에 없는 것이 현실임. 그렇다고 영끌해서 강남에 투자해버리면 하락장을 감당하기 어려우니 본인의 투자금을 고려해 적절한 물건을 골라야 함.

정리하자면, 하락장이 오면 실거주할 수 있는 위치이면서 어느 정도 호재도 가지고 있는 곳이 본인의 최상급지가 되는 것임.

요즘은 집값 상승과 별로 관계도 없는 호재들이 무분별하게 남발되면서 투자의 객관성을 잃기 쉬운데, 아래와 같은 곳이 진짜 호재가 있는 곳임.

① **지하철** : 예타를 통과하고 5년 안에 준공될 곳. 좀더 보수적으로 보자면 착공된 지하철에 역사가 생길 곳
② **일자리** : 입주 기업의 계약이 체결된 곳
③ **신축 주변 or 뉴타운 입주 or 분양 예정 단지** : 신축은 주변 시세를 이끌어주기 때문에 주목할 만한 호재임 (단, 입주시에 주변 전세가격이 흔들릴 수 있으므로 주의 필요)

반대로 아래와 같은 호재는 돌다리를 두드려봐야 함.

① **고속도로 개통** : 집값에 별로 영향 없음
② **리모델링** : 내실 없는 호재임

③ **재건축, 재개발 조합 설립** : 10년 뒤의 호재임

④ **도로 지하화, 공원, 도서관 등 편의시설** : 이런 호재 없는 곳
   이 없음

이제 좀 느낌이 오는가? 지하철역이 생길 예정이면서, 일자리가 늘어날 곳이 근처에 있고, 신축 아파트나 분양 예정 단지들이 있어서 주목을 받을 곳. 3가지 중 2가지만 만족해도 괜찮은 호재가 있는 지역임. 자, 이제 이런 지역을 어떻게 찾고 매물은 또 어떻게 찾는지 알아보자.

1. 지역 분석하기

나는 '부동산지인', '호갱노노', '네이버' 3개 앱을 사용함. 각각의 장단점이 있기 때문에 장점만 뽑아서 쓰겠음.

1 | 일자리

부동산지인 앱에서 '경제 지도' → '국민연금'을 눌러 해당 지역 국민연금 가입자수를 토대로 일자리의 개수를 추산할 수 있음. 다음 두 번째 사진의 동그라미에 입력된 숫자는 순서대로 '국민연금 가입자수', '해당 기간 내 국민연금 가입자 증감 현황'임. 자료를 토

대로 직주근접이 좋을 만한 지역을 후보로 뽑으면 됨.

서울의 서쪽 지역을 살펴보면 강서구(15.6만명), 마포구(15.2만명), 영등포구(39.9만명), 금천구(13.8만명) 등에 일자리가 많은 것을 알 수 있음. 특히 마곡에서는 1년 동안 1.3만명의 국민연금 가입자가 증가한 것을 알 수 있음.

기본적으로 일자리가 많은 지역 주변은 수요가 튼튼한 편이므로 해당 지역 주변에 투자하는 것이 괜찮음. 특히 마곡처럼 일자리가 급격히 증가하는 지역 주변은 더 좋을 것임.

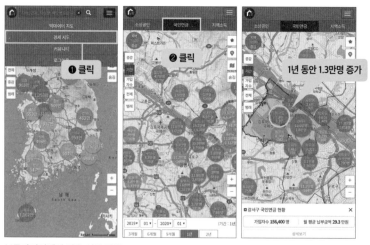

부동산지인에서 서울 서쪽 검색

서울의 동남쪽에서는 강남구(64.3만명), 서초구(36.6만명), 송파구(23.5만명), 분당구(21만명)에 일자리가 많고, 일자리가 많이 늘어나는 것을 볼 수 있음. 그동안 집값 상승의 이유를 이해할 수 있음.

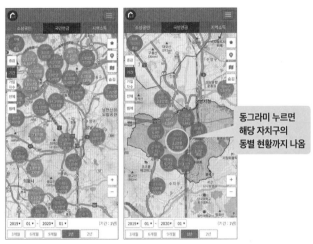

부동산지인에서 서울 동남쪽 검색

2 | 교통

이번에는 호갱노노 앱에서 '분석' → '개발호재'를 눌러 추후 개통 예정인 지하철로 교통 호재를 파악할 수 있음. 앞서 일산의 호재로 언급한 대곡소사선이 지도에 표기되었음. 이 자료를 토대로 지하철이 새로 개통되는 곳 주변을 눈여겨보면 됨.

호갱노노에서 개발호재 검색

3 | 인프라

인프라를 볼 때도 호갱노노가 좋음. 지도를 확대하면 병원, 백화점, 마트 등의 편의시설이 자동으로 표시되어 편리함. 일산은 3호선 주변으로 편의시설이 발달해 있고, 경의중앙선 주변으로는 별다른 인프라가 없음. 따라서 인프라를 선호한다면 3호선 인근을, 직주근접을 선호한다면 더블역세권 예정인 경의중앙선 쪽으로 투자해야겠다고 생각할 수 있음.

호갱노노에서 지도 확대해서 3호선과 경의중앙선 인근 인프라 검색

4 | 학군

호갱노노에서 '분석' → '학원가'를 누르면 학원수가 나오는데 이를 통해서 학군이 좋은 곳을 알 수 있음. 일산은 일산역, 백마역 인근에 학원가가 많아 학군이 좋고, 따라서 이쪽은 자녀를 둔 가정이 많아 중대형이 잘 나가겠다고 짐작할 수 있음. 학군을 우선시한다면 3호선보다는 경의중앙선 인근의 단지를 후보로 두어야겠음.

호갱노노에서 학원가 검색

2. 저평가 단지 찾기

지역 분석을 통해서 마음에 드는 지역을 골랐다면 이제는 단지를 찾을 차례임.

1 | 인기 단지

호갱노노에서 '분석' → '신고가'를 누르면 신고가 아파트만 필터링되어서 어떤 단지가 인기 있는지 알 수 있음.

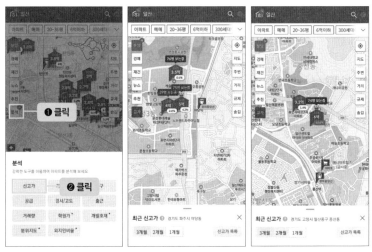

호갱노노에서 신고가 아파트 검색

2 | 조건 검색

　부동산지인과 호갱노노에서 필터 기능을 이용하면 내가 원하는 조건의 단지를 찾을 수 있음. 예를 들어 20~36평, 매매가 6억 이하, 갭 1.5억 이하, 300세대 이상이면서 입주 20년 이내의 일산 준신축 단지를 찾겠다면, 다음 쪽 두 번째 그림과 같이 필터를 사용하면 됨.

　검색 결과 일산 1, 2동, 풍산동, 중산동, 탄현동, 야당동에서 매물이 나왔음. 학군 좋은 경의중앙선 주변은 준신축 단지는 없고 25년 이상의 구축만 있음. 요즘 투자의 흐름은 준신축 이상의 단지로 몰리는 경향이 있어서 구축보다는 준신축 이상의 단지를 먼저 고려해야 하고, 만약 준신축 단지가 최근에 집값이 너무 상승했다면 인근 구축을 고려해봐야 함.

호갱노노(왼쪽), 부동산지인(오른쪽)에서 필터 이용해 조건 검색

3 | 시세 증감율

부동산지인 앱으로 돌아와서 '증감' 메뉴를 사용해 최근 시세 변화를 파악함. 색깔이 검정에 가까울수록 구축이고 파랑, 초록, 노랑에 가까울수록 신축임.

예상과는 다르게, 준신축보다는 학군 좋은 경의중앙선 역세권 단지의 구축 아파트들이 이미 폭등했음을 알 수 있음. 여기 들어가기는 이미 늦었다는 것을 의미함.

그럼 정말로 투자자들이 들어왔는지 확인해보겠음.

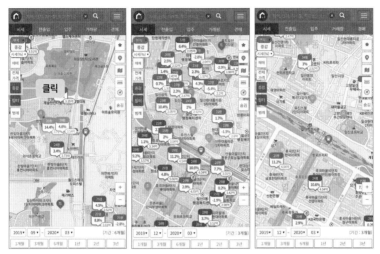

부동산지인에서 시세 증감율 검색

4 | 실거래가

네이버에서 '시세/실거래'를 확인함. 구축이면서 많이 오른 후곡
15단지 건영아파트 22평을 조사해보겠음.

2019년 하반기에 2.8억 정도였는데 최근 3.38억에 실거래된 기
록이 있음. 거래내역을 통해 2019년 11월부터 거래량이 폭증한 후
매물이 급격히 줄어들었다는 것을 알 수 있었음. 2020년 3월에는
3.2~3.5억 매물밖에 없었음.

네이버에서 후곡 15단지 건영아파트 22평(74㎡) 시세 검색

최근 3~4개월 동안 20% 정도의 폭등이 일어난 것임. 만약 내가 이 아파트만 매수하려고 했다면 정말 조급해질 수밖에 없는 상황임. 그런데 인근 단지들이 정말 다 20% 폭등했을까?

211쪽 시세 증감율 사진을 다시 한 번 살펴보면, 준신축인 일산 1, 2동은 시세가 1~2%밖에 증가하지 않았음. 그럼 이것도 사실인지 일산동양아파트를 통해 확인해보겠음.

이번에는 24평과 33평의 거래내역을 봤음. 일산동양아파트는 33평 세대수가 훨씬 많기 때문에 같이 조사함.

33평의 3년간 시세는 3억선이었지만, 최근 호가가 3.5억(RR 기준)으로 뛰면서 시세가 3~5천 정도 상승했음. 반면 저층 호가는 3억으로, 저층은 시세가 별로 안 올랐음. 같은 평형에서도 수리, 층수 등의 조건에 따라 차이가 벌어진 것임.

반면 24평은 3년 시세가 2.6억 정도였는데 최근 호가도 2.6억임. 33평 세대수가 많다지만 거래량 차이도 상당함. 거래내역을 보면 11월부터 33평에 갭투자자들이 들어온 것 같음. 반면 24평은 갭투자자들이 들어오지 않은 것 같음. 갭 6천으로 33평을 살 수 있다보니 먼저 들어가서 시세를 올려놓은 것으로 보임. **그럼 이 상황에 33평에 투자하는 게 맞을까?**

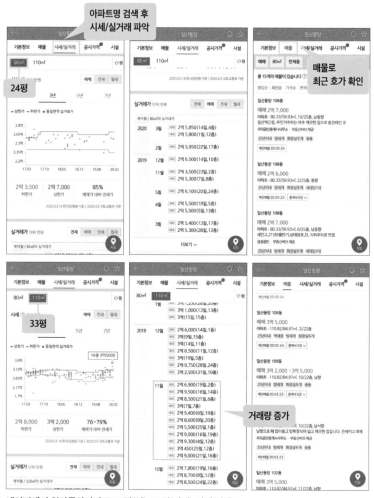

네이버에서 일산동양아파트 24평(위), 33평(아래) 시세 검색

원래는 24평과 33평이 4천 정도 차이가 나던 것이 지금 8천으로 벌어졌음. 24평 시세가 상승할 확률이 33평보다 좀더 높다고 볼 수

있음. 아직 거래가 활발하지 않아 주춤하고 있을 뿐이지 24평에 기회가 있어 보임.

그럼 일산동양 24평에 무게를 두고 전세는 얼마인지, 전세가 잘 나갈지를 알아볼 필요가 있음.

먼저 24평 전세 매물이 얼마나 쌓여 있는지 확인함. 5건 중에 2건은 거래가 완료된 것으로 보임(1건은 중복). 전세가 꽤 괜찮게 나가고 있어서 집수리가 잘돼 있다면 2.3억 정도까지 받을 수도 있어 보임. 따라서 갭투자금은 4~5천 정도로 예상함.

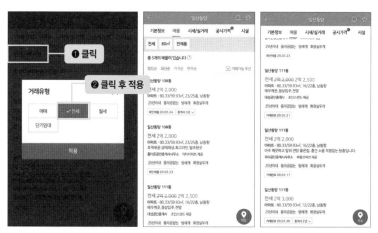

네이버에서 일산동양아파트 24평 전세 매물 검색

이제는 동양 24평과 후곡 15단지 22평을 비교해보겠음. 지금 두 단지의 가격 차이는 7천만원임. 과거에는 얼마가 차이났는지를 보면 앞으로 어느 선에서 가격 차이가 유지될지 예상 가능함.

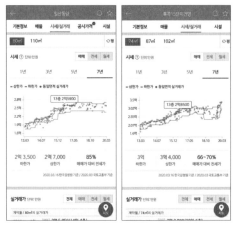

네이버에서 동양 24평, 후곡 15단지 22평 시세 검색

2015년 말 시세는 동양 2.5억, 후곡 15단지 2.8억 정도였음. 두 아파트의 차액은 2015년에 3천만원, 2019년에는 비슷해졌다가 지금은 다시 7천만원 벌어진 상태임.

물론 먼저 주목받는 아파트들이 있기 때문에 주목을 받지 못한 주변 아파트들은 단기적으로 가격 차이가 날 수밖에 없음. 그럼에도 2.5억 아파트에서 7천만원 차이는 좀 크다고 느껴지고, 투자금도 후곡 15단지가 훨씬 많이 들어가기 때문에 동양이 수익률 측면에서 더 투자가치가 있어 보임. 동양은 투자자가 들어오지 않아서 아직 시세가 덜 올랐지만 상승하게 된다면 후곡 15단지와 5천 이하 수준으로 벌어질 가능성이 있다는 것임.

즉, 동양은 적체된 매물이 해소되면 3억 정도까지 오를 가능성이 충분하다는 것임. 이건 단순 시세 차이에 따른 갭 메우기로 상승하는 가격이고, 여기에 일산 전역이 상승장 반열에 오르게 되면 +α가 될 것임.

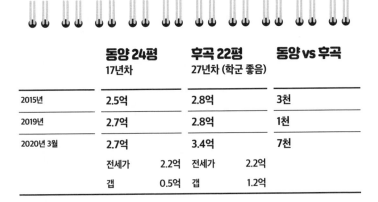

	동양 24평 17년차		후곡 22평 27년차 (학군 좋음)		동양 vs 후곡
2015년	2.5억		2.8억		3천
2019년	2.7억		2.8억		1천
2020년 3월	2.7억		3.4억		7천
	전세가	2.2억	전세가	2.2억	
	갭	0.5억	갭	1.2억	

갭 메우기는 심리적 영역임. 실수요자들에게 이 7천만원은 큰 차이고, 후곡 건영 15단지 신고가 매수에 대한 두려움도 생길 것

임. 투자자도 1.3억을 투자하는 것이 부담스러워 갭이 5천인 동양을 차선으로 선택할 수 있음. 부린이라면 동양은 더 이상 안 오를까 봐 안 사겠지만, 자세히 조사하면 동양이 오를 확률이 더 높아 보임.

자, 그럼 이제 부동산중개소에 전화해서 동양이 정말 가치가 없어서 계속 안 오르고 있는지, 또는 투자성이 있어 보이는 적당한 매물이 있는지를 찾기 시작해보자.

3. 부동산 매물 찾기

갭투자는 이미 전세계약이 되어 있는 매물을 사는 방법과, 전월세 기간이 얼마 남지 않은 매물에 다음 전세 세입자를 맞추면서 들어가는 방법 2가지가 있음.

전자는 전세를 맞추지 않아도 돼 편하지만 이미 세팅이 끝난 물건이라 좀 비쌈. 후자는 귀찮고 전세를 제대로 못 맞출 가능성이 있긴 하지만 저렴한 편. 나는 매물이 시세보다 꽤 저렴하다면 후자로 진행함.

부동산중개소에 전화할 때는 다음과 같은 식으로 물어봄.

① 갭투자나 실거주하려고 하는데 추천해줄 물건이 있나요?

② 물건이 없다면 전세 맞추면서 진행할 물건은 있나요?

③ 시중에 나와 있는 매물은 몇 개 정도이고, 가장 최근에 계약
된 매물의 가격은 얼마인가요?

④ 전세 매물은 몇 개인가요?

⑤ 전세가 잘 나가는 편인가요? 인접한 학교는 인기가 있나요?

⑥ 세입자들은 주로 누구인가요? 서울로 출퇴근하나요?

⑦ 선호하는 동이 있나요?

⑧ 갭투자자들이 들어왔나요? 들어왔다면 언제 들어왔나요? 요
즘 분위기는 어떤가요?

⑨ 주변에 개발호재가 있나요?

⑩ A랑 B 고민 중인데 어떤 곳이 나을까요? 그렇게 생각하는 이
유는 무엇인가요?

⑩번은 본 책에서도 다룬 내용임. 이를 동양, 후곡아파트에 적용
해보겠음.

먼저 동양아파트 인근 부동산중개소에 "후곡 15단지는 최근에
7천만원가량 오른 것 같은데 동양은 시세가 멈춰 있는 것 같아요.

동양이 학군이 안 좋나요? 무슨 이유가 있나요?" 하고 물어봄.

그다음 후곡 15단지 인근 부동산중개소에 전화해 후곡 15단지에 관심 있는 척하면서 "동양은 시세가 저렴한데 투자가치가 없나요?" 하고 물어보면 됨.

이 외에 인터넷에서 찾아보다가 궁금하거나 잘 안 나오는 정보들도 물어보면 원하는 답을 얻게 됨. 만약 내가 동양 24평을 매수하고 싶다면 "최근에 동양 33평은 시세가 오른 것 같은데 왜 24평은 안 올랐나요?", "전세 수요나 실수요가 24평보다는 33평을 선호하나요?"라고 물어볼 것임.

이 정도 물어봐서 부동산중개소에서 바로바로 대답이 나온다면 그 부동산중개소하고 거래해도 좋음. 그리고 여기서 괜찮다 싶은 매물들을 체크해두고 인근 단지 3개 정도를 더 조사해서 시세보다 저렴한 매물을 후보로 두고 이 매물끼리 비교한 후 최종 결정을 내리면 됨.

인접 단지임에도 가격이 확 차이가 나기도 하고, 심지어 같은 단지에서도 투자가 몰리는 평형대가 있다면 가격 차이가 남. 그리고 같은 평형 내에서도 저층인지, 로얄층인지에 따라서 가격 차이가 남.

상승폭이 높지 않은 일산역 주변 지역도 상승장에서는 가격 차이가 비상식적으로 벌어지기도 함. 즉, **단지와 매물을 조사하다 보면 저렴한 단지 내에서 저렴한 매물을 찾을 수 있다**는 것임. 이것이 내가 지역 분석은 적당히 하고 매물 분석 위주로 하라고 하는 이유임. 결국 아파트는 시세보다 저렴하게 사둬야 하락장이 와도 손실을 감내할 수 있고, 상승장에서는 추가 이익을 실현할 수 있음.

마지막으로, 매물이 한 단지 안에 같은 평형으로 5개 이상 쌓여 있다면 시세보다 저렴한 급매물이 나올 수 있다는 것을 염두에 둘 것. 급매물이 나오면 연락 달라고 부동산중개소 사장님과 관계를 좋게 유지해야 함. 웃돈을 주거나 인사성을 밝게 하라는 게 아니라, 나는 급매물만 나오면 바로 계약금 쏠 준비가 되어 있는 사람이라는 걸 보여주라는 것임. 그러면 부동산중개소 사장님은 다른 부동산중개소에 뺏기지 않고 빠른 거래를 성사시키기 위해서 그 사람에게 물건을 주게 되어 있음.

이제 해당 단지가 마음에 들었다면 임장을 가야 할 텐데, 가기 전에 몇 개 체크해두면 좋은 것들이 있음.

부동산지인 앱에서 '전출입'을 보면서 인구변화를 파악하고, '입주', '거래량'도 체크해봄. '초'라는 심볼을 눌러서 해당 초등학교를 갈 수 있는 단지들이 어딘지도 볼 수 있음. 호갱노노 앱에서는 아파트 실거주자들의 이야기를 보면서 장단점을 파악할 수 있음. 부동산 앱은 이외에도 실용적인 기능이 많기 때문에 직접 여러 가지 기능을 눌러보면서 습득하기를 추천함.

참고로 부동산지인 앱은 안드로이드에서만 가능함. 안드로이드 사용자가 아니라면 웹사이트(www.aptgin.com)를 이용하면 됨.

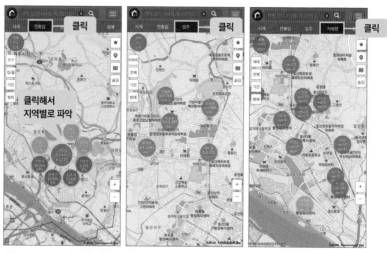

부동산지인에서 전출입, 입주 물량, 거래량 검색

4. 임장 가기

부동산중개소에 전화해서 관심 있는 매물을 보여달라고 하고 시간을 예약하자. 그런데 폭등장에서는 집을 볼 수가 없음. 왜냐하면 집 보러 간다고 예약을 해놓으면 몇 시간 뒤에 매물이 팔리기 때문임. 그래도 첫 구매라면 되도록 집을 보고 구매하자.

부동산중개소에 가서는 최대한 죽치고 앉아서 전화가 자주 오는지, 지금 시장 분위기는 어떤지 잘 살펴야 함. 부동산중개소 사장님에게 최대한 이것저것 물어서 정보를 얻은 다음 집을 보러 가자. 갭투자라면 전세가 잘 나갈지 위주로 보고, 실거주자라면 아래 사항을 확인해보자.

1 | 집 내부
① 집수리 상태 → 세입자 입장에서 전세가 잘 나갈지 파악
② 흠집(현관문, 자동키 여부, 현관 중문, 싱크대, 화장실, 보일러, 새시, 바닥 파손 여부 등) 찾아내기 → 가격을 조정하기 위함
③ 화장실 수압 및 배수 확인
④ 베란다 붙박이장 결로 및 곰팡이 확인
⑤ 남향이고 해가 잘 들어오는지, 인접 단지가 조망권 가리지 않는지 확인

⑥ 집에 담배 등 냄새가 배어 있는지 확인

⑦ 방음 및 소음 확인. 지상철 인근이면 창문 열었을 때, 닫았을 때 확인

2 | 아파트단지

① 역까지 도보 소요시간, 언덕, 주변 버스정류장 유무

② 주변 편의시설 (마트, 세탁소, 은행, 병원, 백화점 등)

③ 주차공간 (특히 밤에)

④ 초저녁이나 낮시간대에 옆 동 때문에 그늘이 생기는지 확인

⑤ 구축이면 엘리베이터 및 노후 배관 수리되었는지 확인

⑥ 복도식인지 계단식인지, 복도식이면 복도 창문 설치되어 있는지 확인

⑦ 아파트 내에 어린이집, 부대시설 유무, 초중고 거리 확인

5. 계약하기

매수할 마음이 있다면 이제 계약만 하면 됨. 등기부등본, 건축물대장, 매도자 신분증 확인하고 서류상의 주소, 면적, 집주인 확인해야 함. 그 외 확인사항은 다음에 정리했음.

① 등기부등본에 근저당이 얼마 잡혀 있는지 확인하고, 근저당이 있다면 계약서에 잔금시 매도자가 상환하는 조건을 명기할 것
② 기존 전세입자가 있다면 계약 잔여일수 확인할 것
③ 등기부등본에 명시된 매도자 이름의 계좌를 계약서에 작성하고 해당 계좌로 가계약금 또는 계약금 넣고 영수증 받을 것
④ 전세를 끼고 사는 경우 전세보증금을 계약서에 기입할 것
⑤ 전세를 맞추면서 사는 갭투자는 전세를 새로 맞춰야 하므로 잔금일자는 넉넉하게 3개월 정도로 잡을 것
⑥ ⑤번의 경우 전세계약을 위해서 매도자가 집을 보여주는 것에 최대한 협조하겠다는 조건을 명기할 것
⑦ 계약서에 명시된 부동산중개수수료 확인할 것

집값이 '억억' 하니까 사람들이 돈에 대한 가치를 가볍게 여기는 경향이 있는 것 같음. 사실 5천만원은 굉장히 큰 돈임에도 불구하고 부동산투자할 때는 남의 의견만 듣고 대충 투자하는 경우가 많음. 위 내용을 직접 해보면서 신중하고 치밀하게 투자해보자.

※ 사례에 나오는 일산동양아파트와 후곡 15단지 건영아파트는 추천 여부와 관계없이 저평가 단지를 찾기 위한 예시로 활용한 것임을 밝혀둠.

움직이자, 움직여야 산다!

세상이 참 빨리 변한다.

아프리카TV에서 별풍선을 구걸한다고 손가락질 받던 BJ들은 이제 유튜브 크리에이터라는 이름으로 변신해 초등학생 장래희망 1순위 직업이 되었다.

불과 몇 년 전까지만 하더라도 5억이면 괜찮은 서울 아파트를 살 수 있었는데, 이제는 수도권 아파트조차 사기 어려워졌다.

양극화는 점점 심해진다.

우후죽순 늘어나던 커피숍들 중에서 고급화를 추구한 스타벅스와 가성비를 갖춘 이디야만이 살아남았다. 그리고 이런 폭등장에서도 집값이 떨어지는 부동산이 생기고 있다.

교통, 일자리 수혜를 받는 지역은 가치가 상승하고, 그렇지 못한 지역은 점점 낙후되어 집을 팔고 싶어도 팔기가 어렵다. 여기에 수많은 정보가 카페, 카카오톡 오픈 채팅방 등에 공유되면서 사실과 관계없이 주목받는 지역은 본래의 가치보다 가격이 더 상승하고, 주목받지 못하는 지역은 과할 정도로 소비자에게 외면받는다. 그리고 정부의 각종 규제는 이런 양극화를 더욱 심화시키는 중이다.

과거에는 이렇게 양극화가 심하지 않았기 때문에 부동산을 딱히 공부하지 않았어도 큰 문제가 되지 않았다. 그러나 이제는 변화에 대응하지 못하는 집주인들은 주변 단지는 다 오르는데 내 집만 집값이 떨어지는 잔인한 환경에 노출될 수밖에 없다.

변화를 인지하고 이에 대비하는 사람은 기회를 얻고, 이를 간과하는 사람은 도태되는 무서운 사회임을 알아야 한다. 부동산투자가 귀찮고 어렵다고, 어떻게 해야 할지 모르겠다고 핑계를 대며 현실에 정착할 때 나와 내 자식들은 하급지로 밀려나게 된다.

무엇보다 중요한 건, 올라갈 수 있는 사다리가 점점 없어지고 있다는 것이다.

움직여야 한다.
그렇지 않으면 움직여지게 될 것이다.
사다리 아래로.

찾아보기

맘마미아 재테크 시리즈

맘마미아 월급재테크 실천법

맘마미아 지음 | 588쪽 | 18,000원

이 책대로 하면 당신도 월급쟁이 부자가 된다!

- 통장관리, 가계부 작성, 예적금, 펀드, 주식, 경매 총망라!
- 금테크, 환테크, P2P투자 등 재테크 최신 이슈 추가!

| 부록 | 금융상품 Top 3/연말정산/청약/전세살이/보험 수록

맘마미아 어린이 경제왕

맘마미아 지음 | 이금희 글그림 | 10,500원

**만화로 쉽게! 평생 가는 용돈관리 실천법!
우리 아이 100세까지 돈 걱정 OUT!**

- 50만 열광 〈맘마미아〉 시리즈 만화판!
- 게임처럼 재미있고 만화처럼 쉽다!
  → 200원 행복재테크, 21일 비밀달력, 500월 강제저축 등
- 초등 교과서 완벽 연계! → 초등 교과서 집필진 감수 참여

맘마미아 21일 부자습관 실천북

맘마미아 지음 | 220쪽 | 12,800원

독하게! 21일 후! 부자가 된다!

- 나에게 맞는 부자습관, 고르기만 하면 되는 실천법 등장!
- 습관을 몸에 붙이는 21일 실천 플래너 수록!
- 국내 최초 O2O 솔루션으로 전국 실천모임 진행!

맘마미아 가계부 (매년 출간)

맘마미아 지음 | 12,000원

60만 회원 감동 실천! 대한민국 1등 국민가계부!

- 초간단 가계부! – 하루 5분 영수증 금액만 쓰면 끝!
- 절약효과 최고! – 손으로 적는 동안 낭비 반성!
- 저축액 증가! – 푼돈목돈 모으는 10분 결산 코너

| 부록 | 영수증 모음 봉투/무지출 스티커/'무지출 가계부' 실천법 5